Me, myself and I

Lerne dich selbst kennen – mit 20 überraschenden
Tests und Theorien zu deiner Persönlichkeit

BOOKS

Auf den Erkundungstouren für dieses Buch fand ich mich selbst. Hoffentlich bringt dieses Buch dir – genau wie mir – mehr Selbsterkenntnis, neue psychologische Einsichten, mehr Respekt für deine Zehen und eine ordentlichere Handschrift.

Die Theorien und Weisheiten in diesem Buch werden dir nicht all deine Fragen beantworten, bringen dich deinem wahren Ich aber möglicherweise etwas näher. Durch das Lösen der Aufgaben und das Nachdenken und Schreiben über dich wirst du besser verstehen können, wer du wirklich bist. Wie stehst du im Leben und wie gehst du mit bestimmten Situationen um?

Dieses Buch ist von dir und für dich allein. Sei ehrlich zu dir selbst, folge deinem Herzen, geh deinem Gefühl nach, hab Vertrauen, bleib positiv und lass dich nicht von anderen verrückt machen. Du bist hier und du darfst hier sein.

Sigrid Leerink

Inhalt

Gebrauchsanweisung

In diesem Buch kannst du verschiedene Tests
machen und Theorien nachlesen: die einen mehr,
die anderen weniger ernst. Zum Schluss kannst
du die Ergebnisse aller Tests nebeneinander
betrachten und auswerten. Voilà, endlich weißt
du genau, wer du bist!
Dieses Buch soll dich vor allen Dingen zum Nachdenken anregen. Nimm aber nicht alles zu ernst,
das Leben ist schon ernst genug!

Steckbrief

Passfoto	Name	Nachname
Geburtsdatum	Geburtsort	Geburtsland
Beziehungsstatus	Brüder und/oder Schwestern	Kinder

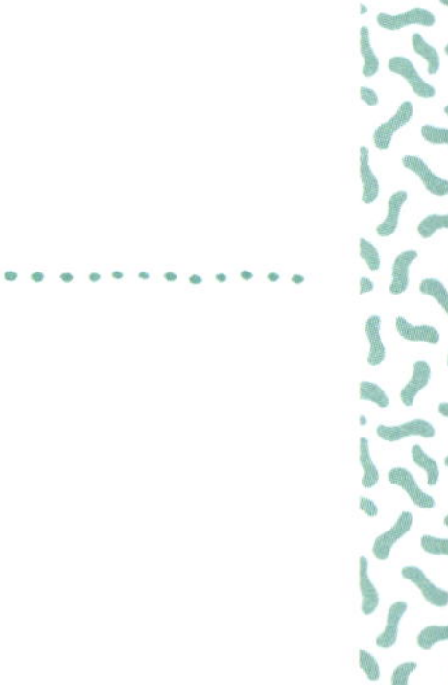

Möchtest du wissen, was deine Handschrift über dich verrät?
Unterschreibe hier und analysiere selbst!

Unlesbar:	Du bist eine lebendige Person.
Lesbar:	Du bist offen.
Lesbarer Vorname, unlesbarer Nachname:	Du bist sehr umgänglich, Menschen fühlen sich zu dir hingezogen.
Klare Linien:	Du bist ein wenig ungeduldig und wirkst manchmal sogar etwas aggressiv.
Aufwärtsstrebende Linien:	Du bist ambitioniert und schaust vor allen Dingen in die Zukunft.
Abwärtsfallende Linien:	Du scheinst ein wenig trübselig und vorsichtig zu sein und wägst alle Risiken ab.
Buchstaben streben am Ende nach oben:	Du bist sehr positiv.
Buchstaben neigen sich nach rechts:	Du bist eine ausdrucksstarke Person.
Buchstaben neigen sich nicht:	Du gehst präzise und mit einem Blick für Details an die Dinge heran und bist im Einklang mit dir selbst.
Auffälliger erster Buchstabe:	Du bist eine präsente Persönlichkeit.
Große Großbuchstaben:	Du hast viel Selbstvertrauen und bist manchmal sogar etwas zu überzeugt von dir.
Nur Initialen:	Du legst viel Wert auf deinen persönlichen Raum.
Kein Punkt auf dem i:	Du schaust lieber auf das große Ganze als auf kleinere Details.
Kein Nachname:	Du bist entspannt, und Regeln sind dir nicht so wichtig.
Deine Unterschrift endet mit einem Strich:	Du bist proaktiv und schnell zu motivieren.

Vorfahren

Wer waren deine Vorfahren? Ähnelst du jemandem von ihnen? Wie stark ist deine Familien-DNA, sowohl im Charakter als auch in deinem Aussehen? Wenn du auf der Suche nach bestimmten Antworten bist, kannst du deiner Familie Fragen stellen; du kannst aber auch mithilfe von professionellen Ahnenforschern nach weiteren Informationen suchen. Das kann Interessantes über deinen Ursprung und deine Herkunft zutage bringen, denn deine Vorfahren haben schließlich die Basis für deine Existenz geschaffen.

9

Lebenslinie

Suche den roten Faden

Eine Lebenslinie ist ein gutes Hilfsmittel, um mehr über dich zu erfahren. Wenn die wichtigsten Hoch- und Tiefpunkte deines Lebens übersichtlich vor dir liegen, erkennst du vielleicht bestimmte wiederkehrende Handlungsmuster, die dir Informationen über dich selbst liefern können.

Schritt 1

Es kann sinnvoll sein, erst eine Skizze zu machen, sodass du den Zeitstrahl auf der nächsten Seite dann sauber eintragen kannst. Versuche, dich an alle Hoch- und Tiefpunkte zu erinnern. Das können ganz einfache Fakten sein, aber auch detaillierte Beschreibungen von Ereignissen. Denk an Hochzeit, Krankheit, Scheidung, eine große Reise, Karriere, Studium, Kinder, den Tod wichtiger Personen, Umzüge und so weiter. Schau auch in alten Fotoalben oder Tagebüchern nach, um deine Erinnerungen aufzufrischen, oder hilf deinem Gedächtnis durch Gespräche mit Freunden, Freundinnen und Familienmitgliedern auf die Sprünge.

Schritt 2

Beginne links mit deinem Geburtsdatum. Ganz rechts, am anderen Ende, ist der Punkt in deinem Leben, an dem du jetzt bist. Zeichne Querlinien, um Monate und/oder Jahre hinzuzufügen.

Tipp

Wenn du irgendwo mehr schreiben möchtest, zeichne ein Textfeld auf die Seite und verbinde es mit einem Pfeil mit dem Datum auf der horizontalen Linie.

Schritt 3

Setze Akzente für wichtige Ereignisse mit dicken Buchstaben und benutze verschiedene Farben. Wähle zum Beispiel Rot für Liebe oder Beziehungen, Grün für Schule, Studium und Arbeit, Gelb für Familie und Freunde, Blau für Gesundheit und Krankheit und Orange für Wohnorte.

Schritt 4

Schreibe positive Ereignisse über und negative unter den Zeitstrahl und markiere diese mit dicken Punkten in der Farbe des Themas. Diese Punkte kannst du später verbinden. So entstehen verschiedene Linien für jedes Thema in deinem Leben, die im Zickzack über die horizontale Linie verlaufen.

Schritt 5

Jetzt kannst du deine Lebenslinie analysieren. Versuche, den roten Faden in deinem Leben zu entdecken.
- Was fällt direkt auf?
- Gibt es Linien, die gemeinsam nach oben und unten gehen?
- Erkennst du bestimmte Muster?
- Was hast du getan, um zu bestimmten Hoch- und Tiefpunkten zu gelangen?
- Hast du aus bestimmten Entscheidungen, die du getroffen hast, gelernt?
- Bist du im Nachhinein mit deinen Entscheidungen zufrieden?
- Was sind deine Talente?
- Was ist für dich wirklich wichtig?
- Was willst du erreichen?
- Bist du noch auf dem richtigen Weg?
- Was würdest du gern verändern?

Hilf deinen Erinnerungen mithilfe alter Fotoalben und Tagebücher oder durch Gespräche mit deiner Familie und deinen Liebsten auf die Sprünge.

Geburts-
datum

JETZT

Aa Bb Cc
Dd Ee Ff Gg

Was verrät deine Handschrift über deinen Charakter?

Deine Handschrift kann enorm viele Persönlichkeitsmerkmale aufzeigen. Ob du große oder kleine Buchstaben machst, sich deine Schrift nach oben zieht oder nach unten senkt oder auch der Abstand zwischen den Wörtern, alles bedeutet etwas! Die Grafologie, eine Pseudowissenschaft (nicht von der akademischen Welt anerkannt), sieht einen Zusammenhang zwischen der Handschrift und dem Charakter eines Menschen.

Bewerbungsschreiben

1622 veröffentlichte ein italienischer Wissenschaftler das erste Werk über die möglichen Beziehungen zwischen Charakter und Handschrift. Dieser Zusammenhang wurde für so wichtig befunden, dass noch vor einigen Jahrzehnten Bewerbungsschreiben auch von Grafologen - Handschriftkundigen - beurteilt wurden. Diese berieten die Unternehmen bei der Einstellung oder Ablehnung der Bewerber und Bewerberinnen. Das ist auch der Grund, warum einige wenige Betriebe bis heute handgeschriebene Bewerbungsschreiben verlangen!

Analysiere deine eigene Handschrift

Schreibe hier unten den Text von oben ab oder verfasse spontan einen eigenen Text.

Analysiere deine Handschrift anhand der Merkmale, die auf den folgenden Seiten beschrieben sind.

Das Tüpfelchen auf dem i

Nimm deinen handgeschriebenen Text und finde heraus, was er über dich aussagt.

Größe der Buchstaben

Kleine Buchstaben: Du bist konzentriert, eifrig und ein bisschen introvertiert.

Große Buchstaben: Du kannst dich gut anpassen, bist extrovertiert und stehst gern im Mittelpunkt.

Mittelgroße Buchstaben: Dein Charakter ist, hmmm... ja, zwischen den oberen beiden. Du bist recht bescheiden, traust dich aber dennoch, deine Meinung zu sagen.

Zeichenabstand

Viel Platz zwischen den Worten: Du hältst ein wenig Abstand von deinen Mitmenschen und willst nicht von der Menge überrannt oder aufgesogen werden.

Wenig Platz zwischen den Worten: Du bist ein Gruppenmensch und stehst gern nah bei den anderen. Manchmal kannst du ein wenig aufdringlich sein.

Schriftrichtung

Du schreibst sehr gerade: Du bist ein eher vernünftiger und bedachtsamer Typ und lässt Emotionen nicht schnell die Oberhand gewinnen.

Deine Handschrift neigt sich nach rechts: Du stehst neuen Erfahrungen offen gegenüber und findest es toll, neue Menschen kennenzulernen.

Deine Handschrift neigt sich nach links: Du behältst viel für dich selbst und arbeitest meist hinter den Kulissen. Linkshänder haben häufig eine Handschrift, die sich nach links neigt.

Form der Buchstaben

Runde Buchstaben: Du bist kreativ.

Spitze Buchstaben: Du bist neugierig, intelligent, selbstsicher und lebst intensiv.

Buchstaben mit wenig Abstand: Du arbeitest systematisch, hast alles gut geordnet und triffst wohlbedachte Entscheidungen.

Buchstaben mit Schlaufen

Eine schmale L-Schlaufe: Sei nicht zu streng mit dir selbst!

Eine große L-Schlaufe: Du bist eine entspannte und spontane Person.

Eine schmale e-Schlaufe: Manchmal stellst du dich gegen andere Menschen oder bist kritisch, Emotionen von anderen sind dir nicht so wichtig.

Eine große e-Schlaufe: Du bist offen für neue Erfahrungen.

Punkt auf dem i

Ein hoher Punkt auf dem i: Du hast viel Fantasie und Vorstellungskraft.

Der Punkt links über dem i: Du neigst zum Aufschieben.
Der Punkt rechts über dem i: Du magst Details und bist organisiert.
Ein Kreis als Punkt über dem i: Du bist verträumt und noch ein wenig kindlich.
Der Punkt ist ein Strich: Du bist selbstkritisch und hast wenig Geduld mit Menschen, die nicht aus ihren Fehlern lernen.

Die Form des o

Ein offenes o: Du bist eine offene Person und kannst gut über deine eigenen Gefühle sprechen – über die anderer allerdings auch! Du findest es schwierig, Geheimnisse für dich zu behalten.
Ein geschlossenes o mit einer Schlaufe: Du liebst Privatsphäre. Du bist ein wenig introvertiert und sprichst nicht gern über deine Gefühle.

Die Striche beim t

Kurzer Strich auf dem großen T: Du bist ambitioniert, optimistisch und hast viel Selbstvertrauen.
Querstrich in der Mitte des kleinen t: Du hast viel Selbstvertrauen und fühlst dich wohl in deiner Haut.
Langer und hochangesetzter Querstrich bei dem kleinen t: Du bist zielgerichtet und enthusiastisch. Manchmal neigst du zu Sturheit oder findest es schwierig, Dinge loszulassen.

Kurzer Querstrich des kleinen t: Manchmal bist du etwas faul und weißt nicht recht, was du eigentlich machst.

Der Buchstabe s

Ein rundes s: Du machst es anderen gern recht und gehst Konfrontationen lieber aus dem Weg.
Ein spitzes s: Du lernst gern neue Dinge, fragst gut nach und bist ambitioniert.
Je höher und spitzer dein s ist, desto ambitionierter bist du.
Ein großes s: Was deine Karriere betrifft, folgst du vielleicht nicht deinem Herzen.

<u>20</u>

Ergänze die Zeichnungen

Mache Zeichnungen aus den sechs verschiedenen Formen, die du hier siehst. Füge jeder Zeichnung ein Wort hinzu, welches dein Gefühl dazu am besten beschreibt. Auf Seite 121 erfährst du, wofür die Zeichnungen stehen.

1

2

3

4

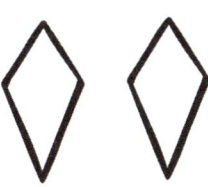

5

6

1

2

3

22

Welche Zahl bist du?

Nein, du bist natürlich keine Zahl. Und trotzdem kannst du nach der westlichen Numerologie alles im Leben an Zahlen festmachen.

7

8

9

4 **5** **6**

Die westliche Numerologie berechnet deine Geburtszahl, und zwar durch das Reduzieren deines Geburtsdatums auf eine Zahl zwischen 1 und 9, 11 oder 22. Es gibt auch Systeme, mit denen du deine Hausnummer für sich sprechen lassen, oder solche, mit denen du deinen Namen auf eine Zahl zurückrechnen kannst. Wir konzentrieren uns hier jedoch nur auf das Ergebnis deines Geburtsdatums. Wenn du dich für Numerologie interessierst und mehr darüber erfahren willst, gibt es viele Bücher und Internetseiten, die sich ausführlicher mit diesem Thema beschäftigen.

So rechnest du deine numerologische Geburtszahl aus:

Angenommen dein Geburtsdatum ist: 01.01.1948

01 → 0 + 1 = 1

01 → 0 + 1 = 1

1948 → 1 + 9 + 4 + 8 = 22

Zusammengezählt wird es: 1 + 1 + 22 = 24

24 wird 2 + 4 = 6.

→ Deine Geburtszahl ist also 6.

Schreibe hier dein Geburtsdatum auf:

Berechne nun deine Geburtszahl und schreibe sie hier auf:

Aufgepasst!

Es gibt Ausnahmen: Wenn aus deinem Geburtsdatum 11 oder 22 wird, dann zähle diese Zahlen nicht auf eine einstellige Zahl runter, sondern behalte die 11 oder 22.

11 **22**

Das sagt deine Geburtszahl über dich:

1

Du bist unabhängig, stark, individualistisch, initiativ, willensstark, mutig, innovativ, selbstsicher und erfinderisch. Du bist gut in dem, was du tust. Du arbeitest gern allein und findest es super, mit neuen Projekten an den Start zu gehen. Auf der anderen Seite hast du auch gern Menschen um dich. Mit deinen originellen Ideen kannst du sie auch häufig inspirieren. Wenn du in einer Gruppe arbeitest, hast du die leitende Funktion.

Zurückweisungen treffen dich sehr. Wenn du dich nicht wohl in deiner Haut fühlst, kannst du asozial, ungeduldig, aggressiv oder egozentrisch werden. Pass also auf, dass du in solchen Momenten nicht zu anspruchsvoll bist und zu sehr den Chef markierst.

2

Du bist geduldig, taktvoll, ausgeglichen, diplomatisch, sorgsam und harmonisch. Durch dein gutes Anpassungs- und Einfühlungsvermögen bist du für viele eine große Unterstützung, und es kostet dich nicht viel Mühe (auch im beruflichen Kontext), eine gute Teamarbeit in Gang zu bringen.

Du neigst zu Emotionalität, und aus Unsicherheit kannst du manchmal ziemlich empfindlich reagieren. Du musst aber gar nicht unsicher sein! Achte darauf, dass du niemanden über dich hinwegtrampeln lässt. Es ist wichtig, Grenzen zu setzen.

3

Du hast eine positive Persönlichkeit. Du bist künstlerisch veranlagt, kreativ, sehr ausdrucksstark, charmant, witzig, aktiv, verspielt, gefühlvoll, intellektuell, musikalisch, kommunikativ und unkonventionell. Tipp: Nutze dein kreatives Talent und sorge für Abwechslung, sonst wird dir schnell langweilig.

Diesen tollen Eigenschaften muss auch etwas weniger Schönes gegenüberstehen: Wenn du dich nicht wohl in deiner Haut fühlst, kannst du sehr bequem, ängstlich oder oberflächlich sein.

4

Du bist zuverlässig und arbeitest hart: standhaft, praktisch, diszipliniert, stabil, strukturiert, geduldig, voller Hingabe und detailverliebt. Du hast ein großes Verantwortungs- und Gerechtigkeitsgefühl. Familie, Freunde und Freundinnen sind wichtig für dich, und du schenkst ihnen viel Aufmerksamkeit. Obwohl du gut deine Grenzen aufzeigen kannst, solltest du besser nicht zu viel auf einmal wollen.

Wenn du dich nicht gut fühlst, wirst du stur und besonders ungeduldig. Zähle manchmal einfach von eins bis zehn, dann regelt sich alles von alleine.

5

Du liebst es zu reisen, andere Kulturen zu entdecken und neue Menschen kennenzulernen. Für dich ist Freiheit wichtig. Du brauchst wörtlich und im übertragenen Sinne Raum, um dich zu entwickeln. Du bist abenteuerlustig, rebellisch, fortschrittlich, flexibel, ungebunden und harmonisch, hast aber auch ein großes Verantwortungsgefühl. Wenn du dich für etwas interessierst, dann machst du es auch!

Wenn dir etwas nicht gelingt, wirst du launisch, opportunistisch und kritisch.

6

Sechs steht für die Liebe! Du bist harmoniebedürftig, fürsorglich, gefühlvoll und mitfühlend, ausgeglichen und hast viel Verantwortungsgefühl. Dennoch hast du Schwierigkeiten, deine Emotionen zu zeigen, und manchmal muss dir erst etwas Krasses passieren, damit du wirklich »fühlen« kannst. Tipp: Versuche, besser auf deine Gefühle zu hören, denn es ist wichtig, bei Entscheidungen immer deinem Herzen zu folgen.

Wenn es dir nicht gut geht, wirst du manipulativ, egoistisch oder fällst – auch nicht so schön – in die Opferrolle.

7

Du denkst viel nach, bist analytisch, perfektionistisch, philosophisch, weise, spirituell, emotional, intuitiv, geheimnisvoll, ehrlich und verfügst über viel Willenskraft und Durchsetzungsvermögen. Du kannst gut alleine sein – mehr noch: Du ziehst dich ab und zu gern zurück, um Ruhe zu haben oder um zu meditieren.

Wenn du dich nicht gut fühlst, wirst du etwas vage und verschließt dich. Versuche, rechtzeitig zu merken, wann du Zeit für dich selbst brauchst!

8

Du bist stark (sowohl physisch als auch psychisch), praktisch, organisatorisch begabt, leistungsorientiert und gehst geradewegs auf dein Ziel zu. Acht steht auch für Macht, Kraft, Ehrgeiz, Leidenschaft, Autorität, Gerechtigkeit und Erfolg. Du genießt es, wenn deine Liebsten stolz auf dich sind.

Du hasst Streit, aber wenn es dir mal nicht so gut geht, kannst du egoistisch sein und dich zurückziehen. Durch die angestaute Spannung kannst du selbst grob werden, versuche also, dich selbst im Zaum zu halten!

9

Du bist freundlich, weise, tolerant, verständnisvoll, frei, mitfühlend, geduldig, intellektuell, originell, großherzig, erfinderisch, passioniert und auf Zack und du findest es super, allen anderen einen Schritt voraus zu sein.

Manchmal hast du Schwierigkeiten, Dinge loszulassen, und wenn du dich nicht wohl in deiner Haut fühlst, fühlst du dich ängstlich und verloren und ziehst dich zurück. Habe mehr Vertrauen in dein eigenes Können!

Laut Numerologie sind die Zahlen 11 und 22 spirituelle Zahlen und werden daher auch Meisterzahlen genannt.

11

Du hast eine inspirierende Persönlichkeit. Du bist nämlich intuitiv, stark, innovativ, dynamisch, gefühlvoll, perfektionistisch und künstlerisch.
Du bist kraftvoll und hast Visionen: Da schlummert ein echter Lehrer oder eine echte Lehrerin in dir!

22

Du bist positiv und praktisch, ehrlich und mitfühlend, friedlich und ausgeglichen, harmonisch und aufgeschlossen. Du bist ein Taktiker und kannst gut mit anderen zusammenarbeiten. Deine Energie setzt du gern dafür ein, die Welt ein kleines bisschen schöner zu machen.

Auf der anderen Seite kannst du unberechenbar und anspruchsvoll werden, wenn es dir nicht gut geht.

Neben den schönen Eigenschaften hast du auch ein paar weniger schöne. Wenn es dir nicht gut geht, kannst du manipulative, extremistische, zynische und brutale Seiten zum Vorschein bringen.

28

Dein Charakter nach den Sternen

Laut der Astrologie wird deine Persönlichkeit aus einer Kombination deines Sternbilds (was willst du), deines Aszendenten (wie erreichst du das) und deines Mondzeichens (was brauchst du) geformt.

Im Zodiak, der Himmelszone, in der die Sonne, der Mond und die Planeten zu sehen sind, erscheinen jeden Monat andere Sternbilder. Der Mond und die sichtbaren Planeten befinden sich auch im Zodiak. Die Planeten und Sterne, die morgens im Osten des Zodiak erscheinen und abends im Westen verschwinden, verschieben sich jeden Tag ein wenig. Der Sternenhimmel ist also wie eine große, sich langsam drehende Uhr.

Der Blick zu den Planeten

Im 5. Jahrhundert nach Christus teilten die Babylonier den gesamten Sternenhimmel von 360 Grad in zwölf Teile von 30 Grad auf.
Die sogenannten Tierkreiszeichen sind in diesen Abschnitten zu finden: Steinbock, Wassermann, Fische, Widder, Stier, Zwillinge, Krebs, Löwe, Jungfrau, Waage, Skorpion und Schütze. In diesen Sternbildern sind mit bloßem Auge auch die astrologischen Planeten zu sehen: Merkur, Venus, Mars, Jupiter und Saturn. Auch der Mond und die Sonne werden in der Astrologie als Planeten betrachtet. Diese sichtbaren Planeten verkörperten in der alten astrologischen Lehre den Willen der Götter und zeigten, was in der Zukunft geschehen werde. So wurden auch Winterstürme und Sommerdürren vorhergesagt.

Sonne, Mond und Aszendent

Abhängig vom Geburtstag und dem Stand der Sonne in diesem Moment gehört ein Sternbild zu dir. Zusätzlich hast du auch noch ein Mondzeichen und einen Aszendenten. Der Aszendent wird durch die Zeit deiner Geburt bestimmt. Dieser entscheidet, wie deine Haltung ist, wie du Situationen angehst und wie du auf andere wirkst. Dein Mondzeichen wird durch den Stand des Mondes zum Zeitpunkt deiner Geburt bestimmt. Es hat Einfluss auf deine inneren Bedürfnisse, Träume und Emotionen. Laut der Astrologie wird deine Persönlichkeit aus einer Kombination deines Sternbilds (was willst du), deines Aszendenten (wie erreichst du das) und deines Mondzeichens (was brauchst du) gebildet. Auf den kommenden Seiten kannst du nachlesen, welche positiven oder auch sozial weniger starken Eigenschaften dir dein Sternbild gibt.

Dein Sternzeichen sagt etwas über die starken und weniger starken Seiten deiner Persönlichkeit.

Steinbock
22. Dezember – 20. Januar

+ ausgeglichen, strukturiert, ehrgeizig, geduldig, vertrauenswürdig, bescheiden, engagiert, pünktlich, loyal und kreativ.
- stur, unflexibel, arrogant, gierig, voreingenommen, misstrauisch, streng, pessimistisch, kühl, verschlossen und egoistisch.

Wassermann
21. Januar – 19. Februar

+ idealistisch, heiter, objektiv, originell, unkonventionell, intelligent, unbefangen, flexibel, philosophisch, künstlerisch, empathisch, verträumt und besonders ehrlich.
- schlechter Zuhörer, distanziert, ruhelos, eigensinnig, unberechenbar, Sonderling, aufmüpfig und manchmal etwas weltfremd.

Fische
20. Februar – 20. März

+ romantisch, kreativ, fürsorglich, sanft, verletzlich, gefühlvoll, einfühlsam, bescheiden, hilfsbereit und intuitiv.
- kritisch, vage, schwach, beeinflussbar, schluderig, geheimnistuerisch, bestechlich, naiv und nörglerisch.

Widder
21. März – 20. April

+ spontan, aktiv, zielgerichtet, mutig, ausdauernd, unabhängig, optimistisch, direkt, unkompliziert, tapfer, herzlich und enthusiastisch.
- ungeduldig, leicht gelangweilt, trotzig, launenhaft, egoistisch, ungestüm, unsensibel, aggressiv, ruhelos und eifersüchtig

Stier
21. April – 20. Mai

+ vertrauenswürdig, praktisch, ausgeglichen, ruhig, zielgerichtet, treu, loyal,
herzlich, geduldig, auf Details bedacht,
bestimmt, Beschützertyp.
– eifersüchtig, stur, besitzergreifend, faul,
materialistisch, kleinbürgerlich, habsüchtig,
abwartend und gierig.

Zwillinge
21. Mai – 21. Juni

+ strukturiert, analytisch, witzig, schlag-
fertig, jugendlich, vielseitig, aufgeweckt,
kommunikativ, neugierig, intellektuell und
ein guter Zuhörer.
– unentschlossen, nervös, aufreizend,
manipulativ, geschwätzig, zu emotional,
ruhelos, zerstreut und oberflächlich.

Krebs
22. Juni – 22. Juli

+ gesellig, häuslich, flexibel, gefühlvoll,
leidenschaftlich, bedächtig, loyal, neugierig, intelligent, energisch, liebevoll,
fantasievoll, Beschützertyp, vorsichtig.
– abhängig, übermäßig emotional, launisch, empfindlich, überbesorgt, unsicher,
anhänglich und voll Selbstmitleid.

Löwe
23. Juli – 23. August

+ herzlich, großzügig, kreativ, mutig,
ehrgeizig, enthusiastisch, treu, liebevoll,
nobel, verspielt, selbstsicher, standfest
und ein echter Anführer.
– kontrollsüchtig, überheblich, arrogant,
egozentrisch, stolz, herrschsüchtig, eitel,
herrisch, intolerant, eigenwillig, überheblich und hochmütig.

Jungfrau
24. August - 23. September
+ loyal, selbstständig, analytisch, präzise, vertrauenswürdig, professionell, bescheiden, intelligent, detailverliebt, praktisch, nüchtern und hilfsbereit.
- unsicher, schwermütig, pingelig, zu perfektionistisch, nervös, kühl, prüde, besorgt und zu kritisch gegenüber anderen.

Waage
24. September - 23. Oktober
+ freundlich, abenteuerlustig, romantisch, integer, gepflegt, sozial, diplomatisch, harmonisch, ästhetisch, vernünftig und umgänglich.
- oberflächlich, eitel, sehr neugierig, Süßholzraspler, unzuverlässig, unschlüssig, narzisstisch und gekünstelt.

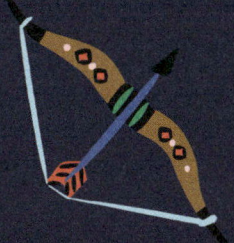

Skorpion
24. Oktober - 22. November
+ leidenschaftlich, energisch, scharfsinnig, charismatisch, loyal, herzlich, prinzipientreu, enthusiastisch, zielgerichtet, willensstark und passioniert.
- stur, eifersüchtig, argwöhnisch, verschlossen, obsessiv, manipulativ, plump, zwanghaft, sarkastisch, streitsüchtig und undifferenziert.

Schütze
23. November - 21. Dezember
+ ehrlich, optimistisch, philosophisch, spontan, aufrichtig, abenteuerlustig, herzlich, positiv, kreativ, fürsorglich, enthusiastisch, freiheitsliebend und unabhängig.
- oberflächlich, zügellos, scheinheilig, überdreht, ruhelos, ungeduldig, anspruchsvoll, gierig und impulsiv.

Dein Platz in der Familie

Klebe hier ein Foto von
dir und deinen Eltern ein.

Ältestes, mittleres, jüngstes Kind

Ob du das älteste, das mittlere oder das jüngste Kind unter deinen Geschwistern bist, bestimmt laut einigen Wissenschaftlern und Wissenschaftlerinnen einen Teil deines Charakters. So wurde auch das Buch *Der Rebell der Familie* von dem amerikanischen Psychologen Frank Sulloway Mitte der 1990er ein Bestseller. Sulloway nahm an, dass ein Kind je nach Position in der Familie bestimmte Strategien ausbildet, um die Aufmerksamkeit und Fürsorge der Eltern zu bekommen, und so eine ganz eigene Entwicklung durchläuft.

Bist du das älteste Kind in deiner Familie?

Dann bist du:

O selbstsicher

O ehrgeizig

O fleißig

O strebsam

Bei den Meilensteinen im Leben eines Kindes hat das älteste Kind in der Familie meist die Nase vorn. Die allerersten Schritte dieses Kindes machen die Eltern meist außer sich vor Freude, die überraschend schöne Zeichnung wird direkt gerahmt, und beim Seepferdchen klatschen sich Väter und Mütter, Opas und Omas die Hände wund.

Das führt dazu, dass die ältesten Kinder daran gewöhnt sind, im Mittelpunkt zu stehen, was ihnen das Gefühl gibt, etwas Besonderes zu sein. Später wählen die Ältesten daher häufig Führungspositionen. Sie sind es gewohnt, Verantwortung zu übernehmen – für ihre kleineren Geschwister mussten sie das ja auch tun. Dabei finden sie es toll, wenn andere Menschen auf sie hören. Manchmal werden die Ältesten aber auch zu perfektionistisch, sie wollen es zu gut machen.

Ich/mein Bruder/meine Schwester ... bin/ist am ältesten.
Das erkenne ich wieder:

Bist du das mittlere Kind in deiner Familie?

Dann bist du:

O sehr sozial

O gut im Team

O kreativ

O unabhängig

O strategisch

O realistisch

O bescheiden

Das mittlere Kind muss etwas mehr für die Aufmerksamkeit der Eltern tun. Auf der einen Seite ist da das älteste Kind, das alles schon kann oder alles schon einmal gemacht hat. Auf der anderen Seite gibt es noch das jüngste Kind, das immer süß und niedlich gefunden wird.

Wenn das mittlere Kind genauso viel Applaus haben will wie die anderen, muss es immer alles etwas besser, schöner und schneller machen. Die Eltern haben auch nicht mehr so viel Zeit für das mittlere Kind wie für das ältere davor.

Mittlere Kinder müssen mit sehr kreativen Lösungen aufwarten, um auch mal im Scheinwerferlicht zu stehen. So lernen sie schon früh, wie sie auffallen können. Da sie zuhause immer zwischen den Parteien stehen, rufen Eltern häufig mittlere Kinder dazu auf, Streitereien zu schlichten. So entwickeln sie optimal ihre Sozialkompetenz und können später besonders gut vermitteln oder diplomatisch tätig sein. Dabei kann es passieren, dass mittlere Kinder nur noch Augen für andere haben und sich selbst mitunter komplett außer Acht lassen.

Ich/mein Bruder/meine Schwester...bin/ist das mittlere Kind.
Das erkenne ich wieder:

39

Bist du das jüngste Kind in der Familie?

Dann bist du:

O abenteuerlustig

O originell

O innovativ

O aufgeschlossen

O chaotisch

O neugierig

O unverantwortlich

O unselbstständig

Eltern sind inzwischen schon so viel von den anderen Kindern gewöhnt, dass sie dem Nesthäkchen viel mehr Freiheiten lassen. Darum können die Jüngsten mehr Abenteuer erleben. Dabei sind sie pfiffig, weil sie sich durch die die älteren Geschwister mit Sachen beschäftigen, für die sie eigentlich noch zu jung sind. Brüder, Schwestern und Eltern nehmen den Jüngsten gern Aufgaben ab, wodurch sie häufig etwas verwöhnt werden. Dem gegenüber steht, dass die Jüngsten sich trauen, Risiken einzugehen; es gibt schließlich immer Menschen, die sie auffangen, wenn etwas schiefgeht. So leben sie häufig unbesorgt und sind offen für neue Erfahrungen. Später wirst du die Jüngsten häufig als Unternehmer oder in wissenschaftlichen und kreativen Positionen sehen. Manchmal jedoch haben die Jüngsten nicht alles unter Kontrolle, denn sie sind es gewöhnt, dass andere es schon regeln werden. Auch kann es hart für sie sein zu erkennen, dass sie nicht mehr von allen süß, niedlich und toll gefunden werden.

Ich/mein Bruder/meine Schwester ... bin/ist am jüngsten.
Das erkenne ich wieder:

Klebe hier ein Foto von dir,
deinem Bruder und/oder
deiner Schwester ein
- oder natürlich auch von
dir alleine, wenn du ein
Einzelkind bist.

Einzelkind

Als Einzelkind wächst du meist bei zwei Erwachsenen auf. Dadurch wirst du dich schon früh wie ein »halber Erwachsener« benehmen. Genau wie das älteste Kind bekommst du viel Aufmerksamkeit. All der Applaus deiner Eltern macht dich selbstsicher und ehrgeizig. Gruppenprozesse können mitunter schwer für dich sein, weil du nicht genug üben konntest.

Ich bin Einzelkind. Das erkenne ich wieder:

Links oder rechts?

Das Gehirn ist das komplexeste und wohl interessanteste Organ in unserem Körper. Es hat verschiedene Areale, die wiederum verschiedene Systeme in unserem Körper steuern. Das Gehirn koordiniert unter anderem unsere Bewegungen, unser Verhalten, das Bewusstsein, unsere Gefühle und unser Gedächtnis, aber auch wichtige Körperfunktionen wie die Atmung, die Temperatur und die Herzfrequenz.

Das Gehirn besteht aus Milliarden Hirnzellen (bis heute wissen wir nicht, wie viele genau), die alle miteinander kommunizieren. Es ist in verschiedene Abschnitte aufgeteilt, die zusammenarbeiten und Aufgaben ausführen. Unter ihnen gibt es zahlreiche Verbindungen, die die graue Masse zu einem großen Ganzen zusammenführen.

Emotionen, Intelligenz, Sprache und Bewusstsein sind an verschiedenen Orten im Gehirn beheimatet. Wenn eines dieser Gebiete beschädigt wird, hat das Einfluss auf das gesamte System. Mithilfe verschiedener Aufgaben und Trainings kannst du bestimmten Hirnrealen helfen, sich stärker zu entwickeln.

Durch wissenschaftliche Studien wissen wir mittlerweile mehr über die Funktionen dieses komplexen Systems. Dennoch ist das Gehirn ein so kompliziertes Organ, dass Antworten häufig nur neue Fragen aufwerfen.

Bei Persönlichkeitstests wird häufig überprüft, ob deine linke oder rechte Gehirnhälfte dominanter ist, wobei du im einen Fall eher logisch veranlagt bist und im anderen eher intuitiv handelst.

Vereinfacht ist es das auch schon, denn bei einer »normalen« Person sind beide Hirnhälften gleichermaßen aktiv. Das ändert jedoch nichts daran, dass Gehirntests interessante Einsichten in deinen Charakter bieten können! Tatsächlich hat die graue Masse wahrscheinlich den größten Einfluss auf deine Persönlichkeitsentwicklung.

Ein paar Funktionen aufgelistet:

Linke Hirnhälfte

Die linke Hirnhälfte steuert deine rechte Körperhälfte und ist wichtig für die Entwicklung von Sprache und für alles, was mit Wörtern, Logik, Details, Gegenwart und Vergangenheit, Zahlen und analytischem, praktischem und strategischem Denken zu tun hat.

Rechte Hirnhälfte

Die rechte Hirnhälfte steuert deine linke Körperhälfte und spielt eine große Rolle bei Emotionen, Kreativität, Musik, Rhythmus, Bildern, räumlichem Vorstellungsvermögen, Gefühlen, Gegenwart und Zukunft, Innovation und Fantasie.

Frontallappen/Stirnlappen

Die Frontallappen im Stirnbereich sind die größten Lappen in deinem Gehirn. Sie sind verantwortlich für das Gedächtnis, die Kontrolle von Emotionen, für das Planen und Organisieren, das Lösen von Problemen, Aufmerksamkeit und für die Sprache. Aufgrund der Lage im Hirn sind sie recht anfällig für Verletzungen.

Scheitellappen/Parietallappen

Dieser Lappen sitzt hinter dem Frontallappen und organisiert unter anderem Schmerz-, Wärme- und Kälteempfinden. Auch steuert er die Grob- und Feinmotorik deiner Arme, Beine und Hände und die Mimik deines Gesichts. Der Scheitellappen gibt dir räumliches Vorstellungsvermögen und sorgt dafür, dass du dir nicht den Kopf stößt. Auch Rechnen und Sprache werden vom linken Teil dieses Lappens gesteuert.

Hinterhauptlappen/Okzipitallappen

Dieser liegt an der Hinterseite/Unterseite des Kopfes und empfängt und verarbeitet Bilder, Farben, Formen und Größen.

Schläfenlappen/Temporallappen

Dieses Gebiet liegt hinter den Ohren und verarbeitet alle Geräusche. Des Weiteren sitzen hier das Sprachzentrum und Gedächtnisstrukturen, und auch Verhalten, Konzentration und das Erkennen von Gerüchen und Geschmäckern sind hier zu Hause.

Kleinhirn

Das Kleinhirn liegt relativ gut geschützt unter dem Großhirn und hinter dem Hirnstamm. Es reguliert die Koordination der Muskelspannung, der Bewegung und des Gleichgewichtes, aber auch einige sensorische und sprachliche Funktionen.

Hirnstamm

Der Hirnstamm liegt tief im Gehirn und führt hinunter ins Rückenmark. Er reguliert und kontrolliert unter anderem das Nervensystem, den Herzschlag, den Blutkreislauf, den Blutdruck, die Atmung, die Körpertemperatur, das Schwitzen und die Verdauung. Der Hirnstamm beeinflusst auch unseren Schlaf, das Urinieren, das Übergeben, das Kauen und unsere Schluckreflexe.

Mach den Test und finde heraus, wie es in deinem Hirn aussieht! Ist die linke oder rechte Seite dominant? Oder sind beide in Balance?

Was siehst du, wenn du das Wort BUCH liest?
a Ich sehe das Wort B-U-C-H vor mir.
b Ich sehe, wie ich ein Buch lese.
c Ich denke an das Wort BUCH und kann das Papier beinahe fühlen.

Gehst du gern in Museen?
a Nicht wirklich
b Ja, so oft wie möglich.
c Das hängt von der ausgestellten Kunst ab.

Welches Thema spricht dich am meisten an?
a Politik
b Natur und Klima
c Spiel und Entspannung

Was trifft auf dich zu?
a Mein Haus ist immer super ordentlich.
b Mein Haus ist voll mit Pflanzen, Kunst, Büchern und anderen Sammelstücken.
c Ich habe einen festen Putztag in der Woche, ansonsten lasse ich alles liegen.

Wenn dir jemand eine wichtige Geschichte erzählt, dann ...
a bekommt er oder sie meine volle Aufmerksamkeit.
b denke ich zwischendurch an andere Dinge.
c kann ich gut zuhören, solange es interessant bleibt.

Wenn ich einen Termin habe, dann ...
a bin ich immer pünktlich.
b bin ich auch manchmal zu spät.
c vergesse ich ihn manchmal.

Kannst du gut zeichnen?
a Nein
b Ja
c Ein bisschen

Stell dich hin und dreh dich ohne nachzudenken einmal um dich selbst.
a Ich drehe mich rechtsrum.
b Ich drehe mich linksrum.
c Entschuldige bitte, aber das mache ich nicht.

Was ist typisch für dich?
a Ich gehe nie bei Rot über die Ampel.
b ich gehe nur über Rot, wenn keine Kinder in der Nähe sind.
c ich gehe regelmäßig bei Rot über die Ampel.

Wenn ich eine Aufgabe bekomme, dann ...
a denke ich erst nach, bevor ich anfange.
b werde ich super glücklich, denn ich liebe es, neue Sachen ausprobieren zu dürfen.
c fange ich direkt an.

Welcher Urlaub spricht dich am meisten an?
a Ein Actionurlaub
b Ein kultureller Städtetrip
c Eine Rundreise durch Asien

Was trifft auf dich zu?
a Ich koche immer nach Rezept.
b Ich koche nach Geruch und Geschmack und probiere gern neue Dinge aus.
c Ich nutze gern auch Rezepte, wandle diese aber ab.

Im Bett liege ich am liebsten ...
a auf der rechten Seite.
b auf der linken Seite.
c Ist mir egal, solange das Bett gut ist.

47

48

Überwiegend A
Links ist dominant

Menschen mit einer dominanten linken Hirnhälfte sind Begriffsdenker. Ihr Denkprozess verläuft Schritt für Schritt und alles wird geordnet. Sie denken in Sprache, in Sätzen und Wörtern. Bei vielen Menschen ist die linke Hirnhälfte dominant. Das ist nicht wirklich verwunderlich, denn unsere Gesellschaft ist auf Ordnung, Struktur und Regelmäßigkeit ausgerichtet. Schon in der Schule lernst du, logisch, analytisch und rational zu denken. Begriffsdenker können gut planen, halten sich an Regeln, sind ordentlich, pünktlich, können sich gut konzentrieren, sind intellektuell, praktisch, theoretisch und gut in Sprachen. Sie sind stark, nüchtern und sehr standfest. Ein großer Unterschied zu den Bilddenkern (bei denen die rechte Hirnhälfte dominant ist) ist, dass Begriffsdenker nicht in Bildern denken, sondern diese erst durch die Gedanken geformt werden.

Überwiegend B
Rechts ist dominant

Bei der Geburt sind wir alle Bilddenker, weil wir noch keine Sprache sprechen. Bei den meisten Menschen wird jedoch später die linke Gehirnhälfte dominant werden (Begriffsdenker). Die Menschen, bei denen die rechte Hirnhälfte dominant bleibt, sind sehr kreativ, musikalisch, sie sehen schnell Verbindungen, sind gefühlvoll und intuitiv, praktisch, fantasievoll, erfinderisch und haben ein gutes räumliches Vorstellungsvermögen. Sie setzen all ihre Sinne ein, um Informationen zu verarbeiten. Sie sind sehr schlau und gut im Problemlösen, jedoch finden sie es schwierig, den Lösungsweg zu erklären. Sie können gut organisieren, sind sozial und haben viel Interesse an ihrer Umgebung. Viele Bilddenker wählen kreative Berufe.

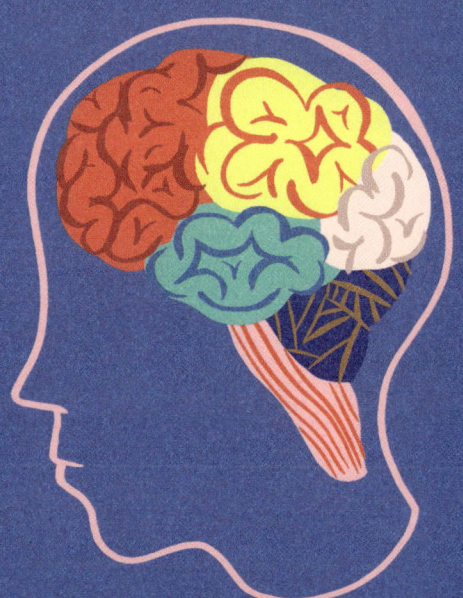

Überwiegend C

Links und rechts sind in Balance

Wenn deine linke und rechte Hirnhälfte in Balance sind, hast du einen großen Vorteil, denn du kannst verschiedene Eigenschaften miteinander kombinieren. Zum Beispiel kannst du deine Gefühle gut in Worte fassen, und du kannst das große Ganze betrachten, ohne die Details aus dem Auge zu verlieren. Der Nachteil ist, dass du häufig zwischen deinem Verstand und deinen Gefühlen schwankst. Auch können die Eigenschaften weniger stark ausgeprägt sein als bei reinen Bild- oder Begriffsdenkern.

Psychoanalyse

Der Mensch
nach Sigmund Freud

Sigmund Freud (1856–1939) aus Österreich-Ungarn war ein weltberühmter Psychiater. Noch immer gilt er auf dem Gebiet der menschlichen Persönlichkeit als einer der einflussreichsten Denker.

Freud entwickelte die Psychoanalyse, die davon ausgeht, dass das Unterbewusstsein das Verhalten eines Menschen stark beeinflusst. Auch entwickelte er die Idee, dass die menschliche Persönlichkeit ein komplexes Zusammenspiel aus dem Es, dem Ich und dem Über-Ich ist.

Es

Das Es ist von Geburt an anwesend und beschreibt das instinktive und primitive Verhalten. Es ist der Brunnen aller psychischer Energien und somit der wichtigste Motor einer Persönlichkeit. Zum Beispiel ist es die Energie, die ein Baby dazu bewegt, zu schreien und zu weinen, weil es gefüttert und gestreichelt werden will. Das Über-Ich, welches sich zu einem späteren Zeitpunkt im Leben entwickelt, kontrolliert das Es, so dass wir uns sozial angepasst verhalten können. Das Es mit all seinen Gelüsten und Trieben bleibt jedoch weiterhin Teil einer jeden Persönlichkeit.

Ich

Das Ich ist der Teil unserer Persönlichkeit, der mit der realen Welt oder auch der Realität umgehen kann. Das Ich versucht, die Wünsche des Es auf eine vernünftige und sozial akzeptable Art zu erfüllen. Freud vergleicht das Es mit einem Pferd und das Ich mit dem Reiter.

Über-Ich

Das Über-Ich beinhaltet all unsere angelernten Normen und Werte: unser Gefühl für Richtig und Falsch, welches durch unsere Erziehung und unsere Umgebung geformt wurde.
Es gibt zwei Seiten des Über-Ichs. Die erste ist das Ich-Ideal: Dieses steht dafür, wie wir gern sein und wie wir uns gern benehmen wollen. Wenn uns das gelingt, sind wir stolz auf uns selbst. Die zweite Seite des Über-Ichs ist das Gewissen. Dieses beinhaltet die Information darüber, was in den Augen unsere Eltern und der Gesellschaft falsch ist.

Das Es, das Ich und das Über-Ich sind nicht präzise trennbar, sondern gehen ineinander über. Auf diese Weise sind sie in ständigem Konflikt miteinander. Manche Menschen haben damit mehr Probleme als andere. Um diesen Unterschied zu erklären, entwickelte Freud den Begriff der Ich-Stärke.

Eine Person mit einem dominanten Es kann impulsiv oder sogar kriminell sein. Jemand mit einem starken Ich findet es häufig schwer, spontan zu sein, hat Schwierigkeiten mit Veränderungen und wenig Gefühl dafür, was richtig und was falsch ist. Ein Mensch mit einem vorherrschenden Über-Ich ist wiederum sehr brav und nicht imstande, etwas Falsches zu tun.

Umgehen mit dem Über-Ich

Das Über-Ich brauchst du also, um dein Es in Zaum zu halten; es ist darum sehr nützlich. Stell dir besser nicht vor, was passieren würde, wenn Erwachsene bei Hunger oder fehlender Aufmerksamkeit anfangen würden zu schreien. Manchmal ist das Über-Ich jedoch auch zu dominant, besonders das Gewissen. Es sorgt dann dafür, dass wir uns schämen oder uns schlecht fühlen, wenn wir etwas Falsches tun oder denken. Das Über-Ich kritisiert uns innerlich, und das kann manchmal etwas zu weit gehen. Hörst du die ganze Zeit Stimmen, die »sei nicht so dumm« oder »was bist du doch für ein Faulpelz« sagen, dann ist das dein Über-Ich. Es kann dich auch blockieren. Darum ist es von Nutzen, dein Über-Ich einmal gründlich unter die Lupe zu nehmen.

Dein Über-Ich wurde durch die Normen und Werte der Familie geformt, in der du aufgewachsen bist. Wenn du häufig gehört hast, dass das, was du getan hast, nicht gut war, dann ist dein Selbstwertgefühl wahrscheinlich nicht allzu groß. Als erwachsener Mensch wirst du dich schämen oder schuldig fühlen, wenn du etwas machst, was dein Über-Ich für schlecht befindet. Durch all diese negativen Gefühle siehst du dich selbst als Verlierer, der nie etwas richtig machen kann. Wenn du einen milden Kritiker in dir hast, dann kennst du zwar Schuldgefühle und Scham, bist aber nicht zu streng mit dir selbst. Du bist ein Mensch, und Menschen machen nun einmal Fehler.

Die 5 Entwicklungsstadien

Nach Freud formt sich unsere Persönlichkeit in fünf Phasen:

1.

Die orale Phase
0 bis 21 Monate

Während der oralen Phase verläuft der Kontakt eines Babys mit seiner Außenwelt größtenteils über den Mund. Das Baby saugt viel und prüft gern. Es hat noch kein Verständnis von sich selbst, und alle Aktionen werden vom Es geleitet.

Das Einzige, was zählt, ist direkte Bedürfnisbefriedigung. In dieser Phase wird das Baby langsam weniger abhängig von der Brust, geht zu festem Essen über und löst sich so von der Mutter. Wird die orale Phase nicht gut durchlaufen oder nicht richtig abgeschlossen, dann kann sich eine orale Fixierung einstellen. Die Person wird zum Beispiel an den Nägeln kauen, rauchen oder zu viel essen.

2.

Die anale Phase
15 Monate bis 3 Jahre

Während der analen Phase konzentriert sich das Baby/Kleinkind auf die Blase und den Darm. Verläuft die Phase des Trockenwerdens gut, gibt dies dem Kind ein Gefühl der Unabhängigkeit und der Kontrolle.
Positive Erfahrungen in dieser Periode bringen nach Freud kreative und unabhängige Personen hervor. Wenn in der analen Phase etwas schiefgeht, entwickelt sich das Kind zu einer rigiden, ordnungsliebenden und obsessiven Person.

3.

Die phallische Phase
3 bis 6 Jahre

In dieser Phase richtet sich die Aufmerksamkeit auf die Geschlechtsteile. Ein Kind entdeckt, dass es Unterschiede zwischen Mädchen und Jungen gibt. Ein Junge beginnt in dieser Phase, sich zu seiner Mutter hingezogen zu fühlen und seinen Vater als Konkurrenten zu betrachten. Freud nennt dies den Ödipuskomplex. Bei Mädchen entwickelt sich nach Freud in dieser Phase der Penisneid: eine unterstellte Eifersucht der Mädchen auf den Penis der Jungen.

4.

Die Latenzphase
6 bis 12 Jahre

Das Über-Ich beginnt sich zu entwickeln, und das Es wird mehr und mehr unter Kontrolle gehalten. Es folgt eine relativ ruhige Phase, in der Kinder zur Schule gehen und sich auf das Entwickeln von Freundschaften und das Entdecken von Hobbys fokussieren. Diese Phase ist wichtig, um das soziale Verhalten und die kommunikativen Fähigkeiten zu entwickeln.

5.

Die genitale Phase
Ab 12 Jahren

Die fünfte und letzte Phase der psychosexuellen Entwicklung ist nach Freud die genitale Phase. Diese beginnt mit dem 11. oder 12. Lebensjahr und dauert bis zum Erwachsensein an. In dieser Phase wird der Geschlechtstrieb entwickelt.

Freud: »Manchmal ist eine Zigarre eben nur eine Zigarre.«

Welches Ich dominiert dich?

Du musst eines der untenstehenden Dinge aufgeben. Was wählst du?
a Reisen
b Kunst
c Sex

Welches Thema kommt häufig in deinen Alpträumen vor?
a Ich werde verfolgt.
b Spinnen
c Jemand macht etwas und es funktioniert nicht

Welche der untenstehenden Personen haben den meisten Einfluss auf dich?
a Meine Eltern
b Menschen aus den Medien
c Meine Lehrer und Lehrerinnen

Wähle ein Gericht:
a Bruschetta mit Mozzarella und Tomate
b Schokoladentorte
c Gesunder Salat

Warum hast du dieses Gericht ausgewählt?
a Es scheint gesund und lecker zu sein.
b Es scheint lecker zu sein.
c Es scheint gesund zu sein.

Wie würdest du deinen Sinn für Humor umschreiben?
a Intelligent
b Kindisch
c Zynisch

In welcher Phase könntest du ausgezeichnet den Rest deines Lebens verbringen?
a Kind (0-12)
b Erwachsener (21-40)
c Senior (51-100)

Hauptsächlich a
Du lässt dich von deinem Ich leiten

Du hast das perfekte Verhältnis von Spaß und »anderen Gutes tun« gefunden. Dein Ich sorgt dafür, dass du gute Ratschläge annimmst und die richtigen Entscheidungen triffst. Du kannst dich sorglos dem Genuss hingeben, aber auch arbeiten und seriös sein.

Hauptsächlich b
Dein Es ist dein Boss

Dein Es sorgt dafür, dass du darauf pfeifst, was andere über dich denken, und dass du dich sorglos und ohne Schuldgefühle dem Genuss hingibst – ob das nur das Essen von Süßigkeiten oder das Verfolgen deiner Passion ist. Das Es macht dich menschlich. Du hältst dich nicht gern an Regeln, »weil es sich eben so gehört« und du erledigst Sachen nicht auf die gängige Art und Weise. Du suchst immer nach kreativen Lösungen. Versuche allerdings, die Balance zwischen dem, was gut für dich ist, und dem, was gut für andere ist, zu finden.

Hauptsächlich c
Dein Über-Ich ist dein Boss

Du hattest sehr starke Persönlichkeiten als Mentoren und Mentorinnen. Am besten fühlst du dich, wenn du sie mit Stolz erfüllen kannst. Dein Über-Ich hat einen strengen moralischen Kompass und sorgt dafür, dass du nichts machst, was in deinen Augen schlecht ist. Du kannst nicht so gut mit Menschen umgehen, die vornehmlich auf ihr eigenes Wohl bedacht sind und die wenig moralische Werte zu haben scheinen.

58 Die Archetypen von Jung

Der Schweizer Carl Gustav Jung (1875–1961) war ein Schüler Freuds.
Er entwickelte die Theorie des kollektiven Unbewussten und die Lehre der
Archetypen. Jung vertrat die Vorstellung, dass das Unbewusste des Menschen
in das persönliche und das kollektive Unbewusste aufzuteilen sei. Im persönlichen Unbewussten befinden sich persönliche Erfahrungen, im kollektiven
Unbewussten wiederum die Erfahrungen, die von Generation zu Generation
weitergegeben werden. Darin findest du also alles, was du von deinen
Vorfahren geerbt hast. Durch das kollektive Unbewusste wissen wir instinktiv,
was wir in bestimmten Situationen tun müssen. So wissen Affen, dass sie
vor Schlangen Angst haben müssen, ohne dass ihre Mutter ihnen das
beigebracht hat.

Aufbauend auf dem kollektiven Unbewussten entwickelte Jung die Lehre der Archetypen. Bei den Archetypen handelt es sich um die im Unbewussten verankerten Grundstrukturen des Menschen. Jung ging davon aus, dass die Psyche bei jedem Menschen gleich aufgebaut und im Ursprung bei allen gleich ist. Genau wie sich unsere Körper bei der Geburt gleichen. Archetypen befinden sich in jedem Geist, überall auf der Welt und ungeachtet des kulturellen Hintergrundes. Sie können unterschiedliche Bilder produzieren, haben aber die gleichen Themen. Denke zum Beispiel an einen Stuhl. Sehr wahrscheinlich sitzt du auf einem anderen Stuhl als deine Tante am anderen Ende des Landes. Und doch erkennt ihr beide das Möbelstück als Stuhl.

Es ist also nicht so, dass du einer der Archetypen bist. Archetypen sind symbolische Imaginationen von universellen menschlichen Themen. Wie das innere Kind. In jeder Kultur wird das Bild anders aussehen, aber alle sind als Kind erkennbar und beschäftigen sich mit den Themen Freiheit und Spontanität.

Archetypen kommen in Märchen und Mythen, aber auch in Träumen vor. So versucht dein Unterbewusstsein, deinem Bewusstsein etwas zu verdeutlichen. In den Träumen »spricht« dein Unterbewusstsein in der Bildsprache der Archetypen.

Es gibt tausende Archetypen, aber nach Jung sind diese fünf die wichtigsten: das Selbst, die Persona, der Schatten, die Anima und der Animus.

Das Selbst

Das Selbst ist der wichtigste Archetyp und gleichzeitig am schwierigsten zu verstehen. Es ist die komplette Persönlichkeit, das Steuerzentrum von bewussten und unbewussten Prozessen. Das »Ich« ist das Zentrum der bewussten Identität, das Selbst umfasst das bewusste und das unbewusste »Ich«.

Das Selbst bringt dir letztendlich deine Selbstverwirklichung: Du wirst, wer du schon immer warst. Darum befand es Jung als wichtigstes Lebensziel, sich über das Selbst bewusst zu werden. Da sich das Selbst in Träumen zeigt, fand Jung es wichtig, sich mit den eigenen Träumen auseinanderzusetzen.

Die Persona

Die Persona ist eine theatrale Maske mit einem Hauch von früheren Zeiten, durch die ein Schauspieler spricht. Jung sieht in der Persona den Weg eines jeden Menschen, mit der Welt um sich herum umzugehen. Die Persona ist das, was du nicht bist, was aber andere und du selbst für das halten, was du bist. Sie kann dir helfen, dich in sozialen Umgebungen zurechtzufinden. Jedoch kann es auch passieren, dass du dich zu sehr mit dieser Maske identifizierst und dich von deinem eigenen »Ich« entfernst.

Der Schatten

Der Schatten ist der Teil deines Unbewussten, in dem alle verdrängten Seiten deiner Persönlichkeit sitzen. Der Mensch möchte seine animalischen Instinkte gern verstecken, jedoch kann er dadurch auch seine Spontanität und Kreativität unterdrücken. Du entdeckst deine dunklen Seiten, indem du sie in anderen wiedererkennst.

Die Anima

Nach Jung hat jeder Mensch männliche und weibliche Seiten. Wenn du eine ausgeglichene Persönlichkeit hast, können sich diese Seiten einfach zeigen. Die Anima ist der weibliche Teil in einem Mann: eine Einlagerung im Unbewussten von allen Erlebnissen und Erfahrungen, die seine weiblichen Vorfahren hatten, und auch deren Erfahrungen mit anderen Frauen.

Der Animus

Der Animus ist das Männliche in der Frau: eine Einlagerung im Unbewussten von allen Erfahrungen, die die männlichen Vorfahren hatten, auch mit anderen Männern.

Wenn du dich gut an deine Träume erinnerst, kannst du versuchen herauszufinden, welche Archetypen zum Vorschein kommen und was diese für dich bedeuten könnten. Was versucht dir dein Unterbewusstsein zu sagen?

Was du träumst, bist du selbst

Carl Gustav Jung und sein Zeitgenosse Sigmund Freud haben sich intensiv mit dem Phänomen des Träumens auseinandergesetzt. Freud ging davon aus, dass in Träumen unterdrückte Sexualität verarbeitet wird. Jung hingegen sah Träume als Botschafter des Unbewussten, welches tagsüber von unserem Über-Ich (siehe S. 51) im Zaum gehalten wird. Während Freud das Unbewusste als wild und instinktiv kategorisierte, betrachtete Jung es eher als feinen und spirituellen Ort.

Vielleicht hast du das Gefühl, dass ein bestimmtes Thema oder Bild häufiger in deinen Träumen vorkommt. Das kann stimmen, denn jeder Mensch hat häufiger mal dieselben Träume. Das brachte Jung auf die Idee, dass es Traumbilder geben müsse, die für alle Menschen die gleiche Bedeutung haben. Er analysierte also mindestens 20.000 Träume und versuchte, diese zu erklären.

Schreibe hier deine Träume auf und lies auf Seite 66 und 67 nach, was diese bedeuten können:

Was häufig vorkommende Träume laut Jung bedeuten können:

Ausfallende Zähne

Träume, in denen dir die Zähne aus dem Mund fallen, bedeuten, dass es dir nicht so gut geht und dass du das Gefühl hast, deine Kraft und dein Selbstvertrauen zu verlieren.

Tod

Fängst du gerade einen neuen Job an? Musst du umziehen? Hast du eine neue Beziehung? Träume über den Tod bedeuten, dass du dich von etwas verabschieden musst. Häufig geht es um sehr wesentliche Dinge. Etwas »stirbt«, weil du eine neue Richtung einschlägst.

Schule oder Arbeit

Wenn du davon träumst, bei wichtigen Ereignissen zu spät zu kommen, wie beispielsweise in der Schule oder bei einem Termin, hast du wahrscheinlich Angst, andere könnten dein »echtes« Wesen sehen.

Essen

Menschen, die vom Essen träumen, haben etwas in ihrem Leben, dass sie »verhungern« lässt oder auch ihre Energie aufsaugt. Sie arbeiten zu hart und haben zu viel Stress.

Andere häufig vorkommende Träume:

Du bist nackt

Jeder hat das schon mal geträumt: Du hältst eine Präsentation oder bist auf einer Party und stellst mit Schrecken fest, dass du nackt bist. Das bedeutet, dass du dich verwundbar fühlst.

Du fliegst

Wenn du vom Fliegen träumst, fühlst du dich frei. Du bist mit deinem Leben zufrieden. Wenn du allerdings träumst, dass du fliegst und dabei Angst hast zu fallen, hast du wahrscheinlich Angst vor Herausforderungen. Wenn du fliegst, aber Angst hast, mit irgendetwas zusammenzustoßen, gibt es etwas oder jemanden in deinem Leben, das/der dir im Wege steht.

Du fällst

Fast jeder träumt mal vom Fallen. Das kann bedeuten, dass du das Gefühl hast, die Kontrolle zu verlieren. Du fühlst dich von etwas oder jemandem überwältigt oder du hast das Gefühl, den Boden unter den Füßen zu verlieren.

Du wirst verfolgt

Im täglichen Leben hast du die Neigung, Dinge zu vertagen. Genau diese Dinge verfolgen dich dann nachts in deinen Träumen. Auf diese Weise versucht dein Unterbewusstsein, dich zu motivieren, endlich aktiv zu werden.

Du bist berühmt

Wenn du vom Berühmtsein träumst, hast du das Gefühl, dass das, was du tust, nicht wertgeschätzt wird. Achte darauf, welcher Star in deinem Traum vorkommt! Denn auch das sagt etwas über dich: Du willst nämlich genau so sein wie er oder sie.

Du schreibst ein Examen

Diesen Traum haben viele Menschen, auch wenn sie schon lange nicht mehr in der Schule sind: Du musst ein Examen schreiben, hast aber vergessen zu lernen. Das bedeutet, dass dich Veränderungen in deinem Leben verunsichern. Es kann auch bedeuten, dass dir die Verantwortung zu viel wird.

Bettgeflüster: Was deine Schlafhaltung über deinen Charakter aussagt

Deine Schlafhaltung verrät viel über deine Persönlichkeit, sagt Schlafexperte Chris Idzikowski, der jahrelang schlafende Menschen in Hotels untersuchte. In Großbritannien ist Idzikowski bekannt als der Schlafexperte des letzten Jahrhunderts. Er unterscheidet zwischen verschiedenen Schlafhaltungen und ordnet diesen verschiedene Charaktereigenschaften zu.

Zeichne hier deine Schlafhaltung und schaue auf den kommenden Seiten, welche Eigenschaften dieser zugeordnet werden.

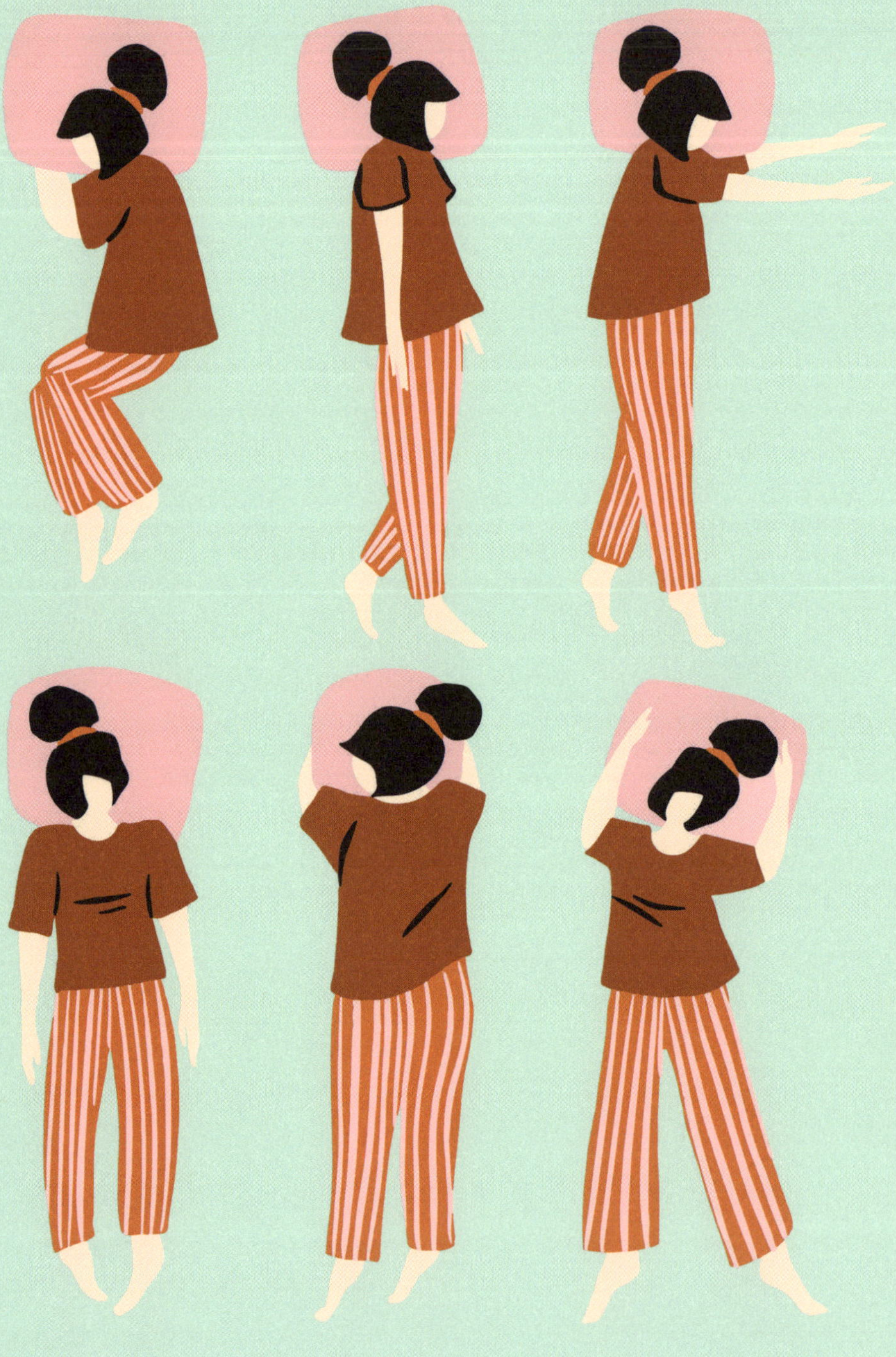

Tipp: Du weißt gar nicht, in welcher Position du schläfst? Achte genau darauf, wie du einschläfst und wie du aufwachst. Oder bitte deinen Bettgenossen oder deine Bettgenossin, deine Schlafposition zu analysieren.

Die Embryonalstellung

Die meisten Menschen schlafen in der Embryonalstellung. Nachts rollen sie sich zu einem Ball zusammen und ziehen die Knie hoch zur Brust, als ob sie sich schützen wollten. Das bedeutet, dass diese Menschen wahrscheinlich einige charakterlichen Ecken und Kanten haben, aber gleichzeitig auch den Schutz von anderen brauchen.

Der Baumstamm

Menschen, die wie ein Baumstamm schlafen, liegen gestreckt auf der Seite mit geraden Armen und Beinen. Auch wenn ihre stramme Körperhaltung anderes vermuten lässt, sind diese Menschen sehr umgänglich, haben eine große Anziehungskraft auf andere und viele Freunde und Freundinnen.

Der oder die Flehende

Der oder die Flehende liegt auf der Seite mit beiden Armen vor sich ausgestreckt. Diese Menschen verlangen immer nach einem anderen Menschen neben sich. Sie sind sehr offen, können aber auch zynisch sein. Wenn sie einmal einen Entschluss gefasst haben, bleiben sie meist auch dabei.

Der Soldat, die Soldatin

Der Soldat oder die Soldatin liegt ausgestreckt auf dem Rücken mit den Armen neben sich. Menschen, die wie Soldaten schlafen, sind häufig zurückhaltend. Sie stellen hohe Ansprüche an sich und sind sehr perfektionistisch.

Der Fallschirmspringer, die Fallschirmspringerin

Diese Schläfer liegen auf dem Bauch, die Arme sind um das Kissen gelegt und der Kopf zu einer Seite gerichtet. Eine Position, die an einen Fallschirmspringer im freien Fall erinnert. Trotz dieses abenteuerlustigen Bildes mögen sie keine unerwarteten und extremen Situationen. Im Umgang mit Menschen sind sie auffällig sozial.

Der Seestern

Schläfst du mit Armen und Händen über dem Kopf? Der Seestern ist eine Person, die Freundschaften sehr schätzt und diese sehr wichtig nimmt. Seesternschläfer tun alles, um ihren Lieben zu helfen. Sie stehen nicht gern im Mittelpunkt der Aufmerksamkeit.

72

Hole das Beste aus dir selbst und aus anderen heraus

Warum findet die eine Erfolg wichtig und der andere nicht? Wie kommt es, dass der eine Mensch unter Druck hervorragend arbeitet und ein anderer nur nervös wird? Schwierige Fragen, aber das Enneagramm kann dir dabei helfen. Dieses Model beschreibt neun Persönlichkeitstypen mit den dazugehörigen Wahrnehmungsstilen, Informationsverarbeitungsstrategien und Reaktionsweisen.

Das Enneagramm teilt die Menschen in neun Persönlichkeitstypen auf. Jeder Typ kann im Prinzip alles, hat aber spezielle Talente, Vorlieben und Schwächen. Wenn du deine und die der anderen kennst und du die anderen so akzeptierst, wie sie sind, kannst du das Beste aus dir und ihnen herausholen.

Der Wunsch, das menschliche Verhalten zu kategorisieren und systematisch zu untersuchen, ist so alt wie die Menschheit selbst. Schon die griechischen Denker Aristoteles und Hippokrates taten das, und noch heute beschäftigt sich die moderne Psychologie mit den verschiedenen Persönlichkeitstypen. Das Ziel dieser Kategorisierung des menschlichen Verhaltens ist es, Verhalten vorhersehbar und damit beeinflussbar zu machen.
Das Enneagramm beschreibt die folgenden neun Persönlichkeitstypen: Romantiker, Perfektionist, Dynamiker, Geber, Beobachter, Loyaler, Glücklicher, Vermittler und Boss. Weiter unterscheidet es zwischen der »Essenz« und dem »wahren Wesen«. Neugeborene machen noch keinen Unterschied zwischen sich selbst und ihrer Umgebung. Sie sind die Essenz. Sie entdecken aber auch schnell, dass die Überlebenschancen zunehmen, wenn sie sich an ihre Umgebung anpassen. So werden die verschiedenen Persönlichkeitstypen entwickelt, das wahre Wesen.
Die Auseinandersetzung mit dem Enneagramm kann sehr aufschlussreich, aber auch eine Herausforderung sein. Es hält dir den Spiegel vor, denn auch deine weniger starken Seiten kommen ans Licht. Lass dich dadurch aber nicht verunsichern; ein Persönlichkeitstyp ist für alle unumgänglich und lebensnotwendig. Die Kunst besteht darin, deinen eigenen Persönlichkeitstypen zu beherrschen und bewusst zu entscheiden, wie du reagieren möchtest. Darüber hinaus ist kein Persönlichkeitstyp besser als die anderen, denn jeder hat seine starken und schwachen Seiten. Auch hast du lediglich mit der Beschreibung eines Persönlichkeitstypen natürlich noch lang kein vollständiges Bild eines Menschen. Dafür musst du immer die einzigartigen Eigenschaften des- oder derjenigen kennenlernen.

Die neun Enneagramm-Typen
In vielen Beschreibungen wirst du etwas von dir selbst wiedererkennen. Doch wie kommst du nun dahinter, welcher Typ du bist? Die beste Methode ist es, einen langen Fragenkatalog auszufüllen, den du im Internet finden kannst. Mit den Beschreibungen und Tipps auf den nächsten Seiten kannst du deiner Antwort aber auch schon ein Stück näherkommen.

Ein paar Tipps:

- Schau dir den ganzen Persönlichkeitstypen mit allen Verhaltensweisen an, anstatt zu stark auf einzelne Merkmale zu achten.
- Überlege, wie du in unsicheren Situationen reagierst. Dein Typ manifestiert sich dort besonders gut.
- Erinnere dich, wie du um dein zwanzigstes Lebensjahr herum warst.
- Frage deine Liebsten um Rat. Die kennen dich manchmal besser als du selbst.

Stresspunkt und Entspannungspunkt

Das Enneagramm gibt jedem Typen Tipps, um sich selbst zu verbessern. Schau dir das Enneagramm auf Seite 76 an und folge von deinem Persönlichkeitstypen ausgehend der Richtung des roten Pfeils. Du kommst so beim sogenannten Stresspunkt heraus. Unter Druck hast du die Neigung, die negativen Eigenschaften dieses Typs zu übernehmen. Ein gestresster Perfektionist (1) neigt zum Beispiel dazu, die negativen Eigenschaften eines Romantikers (4) zu übernehmen. Wenn du dem schwarzen Pfeil folgst, kommst du zum Entspannungspunkt. Durch das Übernehmen der positiven Seiten dieses Persönlichkeitstyps verstärkst du deine persönliche Kraft. So wird der nonchalante Romantiker effizienter, wenn er die positiven Eigenschaften des Perfektionisten übernimmt.

Typ 1

Perfektionist

- Denkst du immerzu daran, was du hättest besser machen können?
- Gibt es eine Stimme in deinem Kopf, die alles, was du machst (oder auch was andere machen), kritisiert?
- Passiert es dir häufig, dass du übergangen wirst, weil Menschen in deiner Umgebung ihre Wünsche besser artikulieren oder besser in den Vordergrund stellen?

Wie du an deinen Schwächen arbeitest

Es ist nicht schlimm, sauer zu sein. Lass deine Wut mal in Phantasie übergehen. Fehler machen ist nicht schlimm, du kannst daraus lernen. Das, was deiner Meinung nach passieren muss, ist nicht unbedingt das, was wirklich passieren muss.

Tipps für den Umgang mit Typ 1

Gib vor allen Dingen aufbauende Kritik und gestehe auch eigene Fehler gegenüber 1 ein. 1 hat Schwierigkeiten mit Generalisierungen, behalte das im Hinterkopf.

Typ 2
Geber

- Bist du sensibel und stellst dich gut auf andere ein, sodass sie dich Gedankenleser nennen?
- Findest du es schwierig, dich abzugrenzen und mit deinen Zeit- und Energieressourcen hauszuhalten, wenn andere dich scheinbar brauchen?
- Ist die Organisation deines eigenen Lebens ein Kampf? Kannst du nur einen Teil von dem vollenden, was eigentlich auf deiner Liste steht?

Wie du an deinen Schwächen arbeitest
Dein Bedürfnis nach Liebe ist überhaupt nicht verkehrt. Eifersüchtige Gefühle können dir auch deine eigenen Bedürfnisse näherbringen. Frage dich selbst: Was gibt es dir, anderen zu helfen?

Tipps für den Umgang mit Typ 2
Wertschätze 2 nicht allein wegen seiner Fürsorglichkeit, sondern betrachte die ganze Person. Sei vorsichtig mit Kritik. 2 kann Kritik an seiner Arbeit als eine persönliche Abweisung verstehen. 2 macht alles, um anderen zu gefallen, formuliere also genau, was du von 2 willst.

Typ 3
Dynamiker

- Findest du, dass du manchmal zu zynisch oder zu argwöhnisch bist, weil du denkst, die verborgenen Bewegründe der anderen zu kennen?
- Kannst du im Beisein anderer positiv, optimistisch und fröhlich sein, auch wenn du dich eigentlich ganz anders fühlst?
- Fühlst du dich unwohl dabei, emotional verletzlich oder abhängig zu sein, selbst von Menschen, die dir nahestehen, weil du Angst hast, manipuliert zu werden?

Wie du an deinen Schwächen arbeitest
Arbeite nicht durch, nimm dir Zeit für Pausen. Frage dich selbst: Was bringt es mir, so hart zu arbeiten?

Tipps für den Umgang mit Typ 3
3 hat auch emotionale Bedürfnisse. Sorge also dafür, dass 3 sich entspannen kann und sei dir bewusst, dass 3 nur schlecht mit Angst und Zweifel umgehen kann.

1 Perfektionist
2 Geber
3 Dynamiker
4 Romantiker
5 Beobachter
6 Loyaler
7 Glücklicher
8 Boss
9 Vermittler

> Stress
> Entspannung

Typ 4
Romantiker

- Ist das Zusammensein mit anderen, das Pflegen von persönlichen Beziehungen und bedingungslose Loyalität zu den Menschen, die du liebst, die wichtigste Basis deiner Freude?
- Ist die Angst vor Verlust oder dem Verlassenwerden selbst in deinen stabilsten Beziehungen die Ursache für Eifersucht und Besitzansprüche?
- Neigst du dazu, Aufgaben, bei denen du dich auf Details konzentrieren musst, zu vermeiden oder aufzuschieben, weil du sie deprimierend oder langweilig findest?

Wie du an deinen Schwächen arbeitest

Lass dich nicht hängen, sondern trauere ein wenig und lass dann los. Frage dich selbst, was dir das Gefühl »Ich bin anders, darum versteht mich keiner« bringt. Es gibt einen Unterschied zwischen echten Gefühlen und dramatisierten Emotionen.

Tipps für den Umgang mit Typ 4

Weise 4 darauf hin, was im Hier und Jetzt vorhanden ist. Bleibe mit beiden Beinen fest auf dem Boden stehen und lass dich nicht von den Emotionen von 4 aufsaugen. Versuche, 4 zu helfen, die Aufmerksamkeit auch auf die Außenwelt zu richten.

Typ 5
Beobachter

- Verbringst du gern viel Zeit allein oder brauchst du diese Perioden, um über wichtige Dinge nachzudenken und diese zu ordnen?
- Hast du ein unbändiges Verlangen nach neuen Erfahrungen, neuen Abenteuern, neuem Wissen und findest Wiederholung oft langweilig?
- Weicht deine Meinung im Allgemeinen von der anderer ab, und du wunderst dich dann über das Fehlen rationaler Überlegungen in ihren Schlussfolgerungen?

Wie du an deinen Schwächen arbeitest

Das Analysieren von Emotionen ist etwas anderes als das Fühlen von Emotionen. Das Zulassen von Emotionen beinhaltet nicht automatisch Verletzung. Bücherwissen ist toll, aber Lebenserfahrung kann mitunter hilfreicher sein.

Tipps für den Umgang mit Typ 5

Nimm die Grenzen von 5 wahr, zeige deine Sozialkompetenz und sei damit ein Vorbild. 5er können »aufgetaut« werden, mach das aber mit dem passenden Enthusiasmus.

Typ 6

Loyaler

- Wirkt es auf dich motivierend, morgens an deinen vollen Terminplan mit verschiedenen Aktivitäten zu denken?
- Findest du es entspannter, Freunde und Freundinnen bei dir zu Hause zu empfangen, auch wenn das mehr Arbeit für dich bedeutet?
- Denkst du, dass Häuslichkeit, Zuwendung zu deiner Familie, zu deiner Ehe und/oder der Gemeinschaft die fundamentalen Werte deines Lebens darstellen?

Wie du an deinen Schwächen arbeitest
Schäme dich nicht für deine Ängste und sprich sie aus. Frage dich selbst: Wann gewinnt bei mir das Denken gegenüber dem Fühlen die Oberhand? Deine ewigen Zweifel können die Tatkräftigkeit der anderen bremsen, sei dir dessen bewusst.

Tipps für den Umgang mit Typ 6
Sei ehrlich zu 6 und nimm auch die irrationalen Ängste ernst.

Typ 7

Glücklicher

- Möchtest du in angespannten Situationen am liebsten in Gelächter ausbrechen oder mit einer treffenden Bemerkung auf die Absurdität des Ganzen hinweisen?
- Fängst du direkt an, nach Lösungen zu suchen, wenn du ein Problem siehst?
- Verspürst du ein Gefühl von Widerwillen, wenn dir andere erzählen, wie begabt du bist und welche Möglichkeiten du hast, weil du weißt, dass gleichzeitig von dir ein vernünftigeres Leben erwartet wird?

Wie du an deinen Schwächen arbeitest
Um Schmerz zu vermeiden, flüchtest du dich in positive Träume. Frag dich selbst: Wann kann ich meine Grenzen nur schwer bestimmen?

Tipps für den Umgang mit Typ 7
Unterstütze 7 im Zulassen von negativen Emotionen und lass dich nicht von seinem Charme beeindrucken. Unterstütze 7 dabei, sich total in eine Sache zu vertiefen.

Typ 8
Boss

- Hast du in für dich wichtigen Situationen eine klare Vorstellung, was gut und was verkehrt ist?
- Bis du allgemein der Ansicht, dass du vor Menschen mit versteckten Absichten auf der Hut sein musst?
- Findest du Menschen, die um den heißen Brei herumreden und nicht offen aussprechen, was sie auf dem Herzen haben, extrem nervig und schwierig?

Wie du an deinen Schwächen arbeitest

Werde nicht direkt sauer, sondern zähle erst von eins bis zehn, denn die Ursache der Probleme liegt nicht immer bei den anderen. Du kannst nämlich so stark rüberkommen, dass es manche Menschen abschreckt.

Tipps im Umgang mit Typ 8

8 hat auch weiche Seiten, schätze diese. 8er lieben es zu kämpfen! Für sie ist es ein Weg, um Vertrauen zu gewinnen, sei dir dessen bewusst. Vermeide Machtstreitereien mit 8.

Typ 9
Vermittler

- Denken Menschen, dass du ein lakonischer, charmanter, nüchterner und vernünftiger Mensch bist, auch wenn du von innen ganz anders aussieht?
- Gibt es in deinem Haus einen Raum, in dem du dich wohlfühlst, in dem du dich meist aufhältst, um nachzudenken, zu lesen oder dich zu entspannen?
- Versuchst du, Meinungsverschiedenheiten aus dem Wege zu gehen, weil du dich unwohl fühlst, und läufst sogar weg, sobald sich eine ankündigt?

Wie du an deinen Schwächen arbeitest

Hab keine Angst, deine eigene Meinung laut auszusprechen. Nein sagen ist nicht schlimm. Du hast die Neigung, aufkommende Gefühle mit schönen Tätigkeiten zu betäuben, sei dir dessen bewusst.

Tipps für den Umgang mit Typ 9

Für 9 ist es wichtig, Struktur in den Tätigkeiten zu haben, dabei braucht er oder sie manchmal auch Hilfe. 9 braucht auch etwas mehr Zeit, um einen Standpunkt einzunehmen, gönne 9 diese. Der Umgang mit Veränderungen ist für 9 nicht leicht, und er oder sie kann Unterstützung dabei gut gebrauchen.

Voll im Gleichgewicht

Vielleicht hast du schon einmal von dieser indischen Heilkunst gehört, die auch im Westen immer bekannter wird. Ayurveda gibt es schon ca. 5000 Jahre, der Name bedeutet »Wissenschaft vom Leben«. Die Lehre geht davon aus, dass jeder Mensch gesund und glücklich zur Welt kommt. Es sind die Einflüsse der Umgebung oder die Lebensweise, durch die ein Mensch aus dem Gleichgewicht gerät und schließlich müde, lustlos und krank wird.

Die hohe Kunst, gesund und glücklich zu leben, besteht also darin, im Gleichgewicht zu bleiben. Nach der Lehre des Ayurveda ist die Konstitution eines jeden Menschen aus drei sogenannten Doshas aufgebaut: Pitta, Vata und Kapha.

Wenn diese Doshas aus dem Gleichgewicht geraten, so kann die Balance auch wiederhergestellt werden. Du kannst sie zum Beispiel durch gesundes Essen, viel Ruhe, Yoga und die Einnahme gesunder Kräuter zurückgewinnen. Alles wird hierbei genau auf die betroffene Person abgestimmt.

Jedes Dosha ist in verschiedener Zusammenstellung aus den fünf Elementen aufgebaut, dies sind die Bausteine unseres Seins. Das Element Erde steht für alles Feste, wie beispielsweise unsere Knochen.

Wasser steht für alles, was flüssig ist, so wie unser Blut. Luft steht für alles Gasartige, wie beispielsweise Sauer- und Stickstoff. Feuer steht für all das, was Dinge verwandeln kann, zum Beispiel unsere Verdauungsorgane. Das Element Äther schließlich kommt in allen anderen Elementen vor. Alles um uns herum und in unserem Körper ist mit Äther verbunden.

Jeder Mensch wird mit einer Kombination aus Doshas geboren, wobei die Zusammensetzung einzigartig ist und dich als Person, dein Aussehen und deine Charaktereigenschaften, bestimmt. Die meisten Menschen haben zwei Doshas, wovon eines dominant ist. Dieses Dosha bestimmt dann auch deinen Dosha-Typen. Auf den folgenden Seiten kannst du nachlesen, welche Dosha-Typen am meisten auf dich zutreffen und welcher Lebensstil dazu passt, sodass du mental und physisch gesund bleibst. Nutze diese Informationen zu deinem Vorteil!

Nach der ayurvedischen Lehre bestehen die drei Doshas aus fünf Elementen: Erde, Wasser, Luft, Feuer und Äther

Pitta: der Feuer-Typ

Pittas sind warm, feurig, charmant, motiviert, intelligent und lieben Erfolg. Sie sind verbal stark, progressiv, ambitioniert, zielgerichtet, kämpferisch, energisch, perfektionistisch, emotional und kritisch.

Aussehen Pittas haben eine normale Figur. Sie haben häufig warme Hände und Füße und schwitzen durch ihre hohe Temperatur etwas mehr. Ihr rotes oder braunes Haar ist häufig weich und dünn. Sie haben grüne oder braune Augen und wenig Falten. Ihre Stimmen sind deutlich, und sie bewegen sich auffällig.

Gesundheit Pittas haben eine gute Verdauung. Sie sind energetisch und selten krank, jedoch können sie unter Hautunreinheiten (wie Akne), Entzündungen und Sodbrennen leiden. Wenn sie aus dem Gleichgewicht geraten, werden sie eifersüchtig, sauer, empfindlich und aggressiv. Wenn sie nicht aufpassen, riskieren sie ein Burnout.

Ernährung Pittas können viel essen, ohne dick zu werden. Am besten essen sie mittags warme und abends eher leichte Kost. Viel trinken ist gut, aber es sollte nicht zu kalt sein. Aufpassen müssen sie mit scharfen, fettigen oder gewürzten Gerichten. Gut für Pittas sind: grünes Gemüse (Spinat, Zucchini, Brokkoli), weißes Fleisch (Hühnchen, Pute), reife und süße Früchte (Mango, Ananas, Datteln, Birne), Milchprodukte und Getreide.

Lebensstil Der feurige Pitta-Typ kann durch die starke Persönlichkeit manchmal sehr präsent sein. Pittas sind auch sehr überzeugt, recht zu haben, und geben dadurch anderen Meinungen weniger Raum. Sie müssen Hitze und Sonne vermeiden, sich viel bewegen, sich ausreichend Freizeit gönnen, Herausforderungen angehen und sich vor dem Alltagstrott in Acht nehmen. Wenn Pittas in Balance sind, fühlen sie sich energetisch, scharfsinnig, intelligent und selbstsicher.

Vata: Der Lufttyp

Vatas sind enthusiastisch, schnell, idealistisch, kreativ, reiselustig, fröhlich, humorvoll, philosophisch und ergreifen gern die Initiative.

Aussehen Vatas sind elegant. Sie sind groß oder auch sehr klein, haben ausdrucksstarke Augen, trockene Haut und kalte Hände und Füße. Sie schwitzen wenig, bekommen früh Falten, und ihr Haar ist eher trocken. Laute Geräusche sind Vatas zuwider.

Gesundheit Vatas sind seelisch und körperlich sehr sensibel. Schnell leiden sie an Schlaflosigkeit, Stress, Sucht, Angst und hohem Blutdruck. Sie müssen aufmerksam sein für Störungen in der Atmung, den Nerven, dem Blutkreislauf und den Muskeln. Vatas sollten einfache und entspannende Sportarten wie Yoga, Fahrradfahren oder Wandern ausüben.

Ernährung Vatas müssen regelmäßig zu festen Zeiten essen und trinken. Die Nahrung muss gehaltvoll, warm und fettig sein. Denke zum Beispiel an eine gehaltvolle Suppe, Eintöpfe, Haferbrei, Käse und weiche, süße Früchte. Süße, saure und salzige Geschmäcker und milde Kräuter sind perfekt für Vatas.

Lebensstil Für Vatas ist es sehr wichtig, regelmäßige Gewohnheiten einzuhalten und sich gut um sich selbst zu kümmern. Sie neigen dazu zu hasten, obwohl gerade für sie Ruhe, Sauberkeit und Regelmäßigkeit von Vorteil sind. Vatas sind ängstlich und werden schnell unsicher, verlegen, besorgt und nervös. Durch ihre Zukunftsangst werden sie ruhelos. Wenn Vatas in Balance sind, fühlen sie sich fröhlich, energetisch, lebendig, kreativ und ruhig.

Kapha: Der Erdtyp
Kaphas sind selbstsicher, ruhig, friedfertig, geduldig, mitfühlend, zufrieden, sorgsam, diskret, anziehend, sinnlich, können verzeihen, sind liebevoll, nüchtern, sparsam, vertrauenerweckend und lieben ein wenig den Luxus.

Aussehen Kaphas haben einen starken und gesunden Körper und sind größer und schwerer als Pittas und Vatas. Sie haben volles, weiches Haar, eine fettige, zarte Haut und schöne, runde Formen.

Gesundheit Kaphas haben eine starke Konstitution, aber ihr Stoffwechsel ist sehr langsam, weshalb sie auf ihr Gewicht achten müssen. Schnell leiden sie unter zu hohen Cholesterinwerten, Grippe, Asthma, Allergien und Bronchitis. Obwohl sie nicht so sportlich sind, ist Sport gerade für Kaphas sehr wichtig. Vor allem Sportarten wie Joggen, Rudern und Fitnesstraining sind gut.

Ernährung Kaphas sind verrückt nach Essen, jedoch ist es wichtig, dass sie nicht zu viel zu sich nehmen. Sie können leicht mal eine Mahlzeit auslassen oder auch einen Tag fasten. Viel Gemüse, Getreide, Früchte und magere Milchprodukte sind gut für sie. Fett, Salz, Zucker, Kohlenhydrate und fettige Milchprodukte sollten sie meiden.

Lebensstil Kaphas lassen gern alles beim Alten und haben Mühe mit dem Loslassen. Und doch tut es ihnen gut, sich durch neue Dinge stimulieren zu lassen. Kaphas sind jederzeit bereit, für andere da zu sein, und sind sehr freigiebig. Wenn sie sich aber nicht wohlfühlen, werden sie misstrauisch, eifersüchtig, depressiv, melancholisch und faul. Wenn Kaphas im Gleichgewicht sind, sind sie friedfertig, ruhig, selbstsicher, sanft und sehr geduldig.

Mache den Test – wo kannst du die meisten Kreuze machen? Bist du ein waschechter Pitta, Vata, Kapha oder doch eine Kombination aus zwei Doshas?

Eigenschaften:

Empfindsamkeit

Arbeitsverhalten

Wesen

Gedächtnis

Beziehungen

Liebesbeweise

Sexuelle Bedürfnisse

Verstand

Stimme

Art, sich zu bewegen

Kondition, Konstitution

Immunsystem

Körperbau

Gewicht

Energielevel

Haare

Augen

Appetit

Essverhalten

Schlaf

Träume

Pitta	 Vata	Kapha
O Schnell sauer	O Erregbar	O Entspannt
O Konzentriert und zielgerichtet	O Schnell abgelenkt, wechselnde Interessen	O Fokussiert, aber langsam
O extrovertiert	O Zurückhaltend	O Introvertiert
O Gut	O Schlechtes Kurzzeit-gedächtnis	O Gutes Langzeitgedächtnis
O Leidenschaftlich und intensiv	O Kurz und wechselnd	O Lang und vertraut
O Mit Geschenken	O Mit Worten	O Mit Gefühlen
O Mittel	O Unregelmäßig	O Groß
O Scharfsinnig und intelligent	O Kluger Geist	O Ruhig und ausgeglichen
O Schnell und deutlich	O Schnell, aber stockend	O Klar, leise und langsam
O Ruhig	O Hastig	O Langsam
O Gut	O Schlecht	O Sehr gut
O Ab und zu verschnupft	O Häufig krank	O Selten krank
O Mittel	O Klein	O Groß
O Mittel	O Leicht	O Kräftig
O Mittel	O Niedrig	O Hoch
O Rot, rotbraun	O Blond, dunkelblond	O Schwarz, dunkelbraun
O Mittel	O Klein	O Groß
O Immer hungrig	O Vergisst ab und zu das Essen	O Lässt manchmal eine Mahlzeit aus
O Ruhiges Tempo	O Alles auf einmal	O Sehr langsam
O Normal, durchschnittliches Schlafbedürfnis	O Leichter Schlaf, häufig wach	O Lang und fest
O Feurig und emotional	O Ängstlich, häufig Alpträume	O Häufig Träume über Beziehungen

Problembereiche in deinem System erkennen

Jeder Mensch ist Teil von Systemen, wie zum Beispiel der Familie, in der du geboren und aufgewachsen bist. Zu dieser Familie kommen natürlich auch die beiden Familien, aus denen deine Eltern stammen und damit auch du. Laut Bert Hellinger, dem Erfinder der systemischen Arbeit, gibt es in jedem System bestimmte Ordnungen. Dabei wird zwischen dem, was ist, und dem, wie es sein sollte, unterschieden. Familienaufstellungen zeigen dir, welchen Platz du in der Familie einnimmst. Ist das der Platz, den du haben solltest, oder nimmst du unbewusst den Platz einer anderen Person ein, mit allen damit einhergehenden Schwierigkeiten und Problemen?

Muster

Familienaufstellungen geben dir Einblicke in Themen wie Beziehungen, Arbeit, Patt-situationen und immer wiederkehrende Muster in deinem Leben: Antworten auf Fragen, mit denen du dich schon länger beschäftigst, für deren Beantwortung du aber keine Ansatzpunkte finden konntest. Ein Kind nimmt manchmal unbewusst einen »leeren« Platz ein, zum Beispiel an einer Stelle, an der bei Mutter oder Vater ein Mangel war/ist. Das kann etwas Greifbares sein, wie ein verstorbenes Familienmitglied, aber auch etwas Abstraktes wie uner-widerte Liebe. Vielleicht trägst du auch eine Last für jemanden aus deiner Familie, ohne dass du das weißt oder willst. Oder ist ein Familienmitglied manchmal so dominant, dass andere ins Hintertreffen geraten? Eine Familienaufstellung kann diese nicht direkt sichtbaren Muster aufdecken.

Reihenfolge

Wie funktioniert eine Familienaufstellung? Dafür solltest du die drei Prinzipien kennen, auf denen die systemische Arbeit basiert. Es gibt immer eine Verbindung zwischen den Mitgliedern des Systems, es muss eine Balance geben zwischen Geben und Nehmen, und jedes System hat eine feste Ordnung. Diese Ordnung wird durch Hierarchie oder auch das Alter bestimmt. So stehen nach Hellinger der Vater und die Mutter im besten Falle nebeneinander, der Vater rechts von der Mutter. Die Kinder stehen in der Reihenfolge des Alters davor, sodass sie in die Welt sehen können und gleichzeitig Rückendeckung von den Eltern bekommen.

Mit einer Familienaufstellung kannst du dein System abbilden und sehen, welchen Platz du und welchen die anderen ein-nehmen. Welche Bedeutung hat das für dich? Was fühlst du, wenn du das machst? Schau dir die Aufgaben auf der nächsten Seite an. Wichtig ist, dass du dein System ohne Vorurteile betrachtest und das, was du siehst, wahr- und annimmst. Mit deinem neugewonnenen Wissen über dich selbst kannst du anschließend deine eigenen Wege gehen.

Konzentriere dich und spüre deinen Gefühlen nach. Setze auf deine Intuition und denk nicht zu viel nach.

Deine Familienaufstellung

Die stärkste Erfahrung wirst du natürlich mit einer Gruppe unter professioneller Begleitung machen. Aber für den Moment kannst du auch eine Familienaufstellung bei dir zu Hause, zum Beispiel im Wohnzimmer, machen.

Du kannst dafür zum Beispiel Playmobil-Figuren (dann wählst du auch eine Figur für dich selbst) oder Namensschilder nehmen.

Jetzt kannst du an die Aufstellung gehen.

1. Wähle einen Platz für dich selbst und markiere diesen durch eine Figur oder ein Schildchen.
2. Stelle jetzt deine Eltern dazu.
3. Wähle einen Platz für deine Geschwister.
4. Wähle eine Blickrichtung für alle Figuren des Systems. Schauen die Figuren voneinander weg oder schaut ein Elternteil vor allem zu einem Kind? Oder schauen die Eltern zueinander und nicht zu ihren Kindern?
5. Zu welcher Figur schaust du? Was fühlst du dabei? Was kannst du von deinem Platz aus sehen und was nicht?

Zeichne hier die Aufstellung, so wie du sie gemacht hast.
Mach dir Notizen zu deinen Gefühlen und Empfindungen.

90

Dein Charakter im Handumdrehen

Jeder Mensch hat einen einzigartigen Handabdruck. Seit Tausenden von Jahren beschäftigen sich die Menschen mit dem Handlesen, um so den Charakter und den Lebenslauf eines Menschen zu ergründen. Das versuchen wir nun auch.

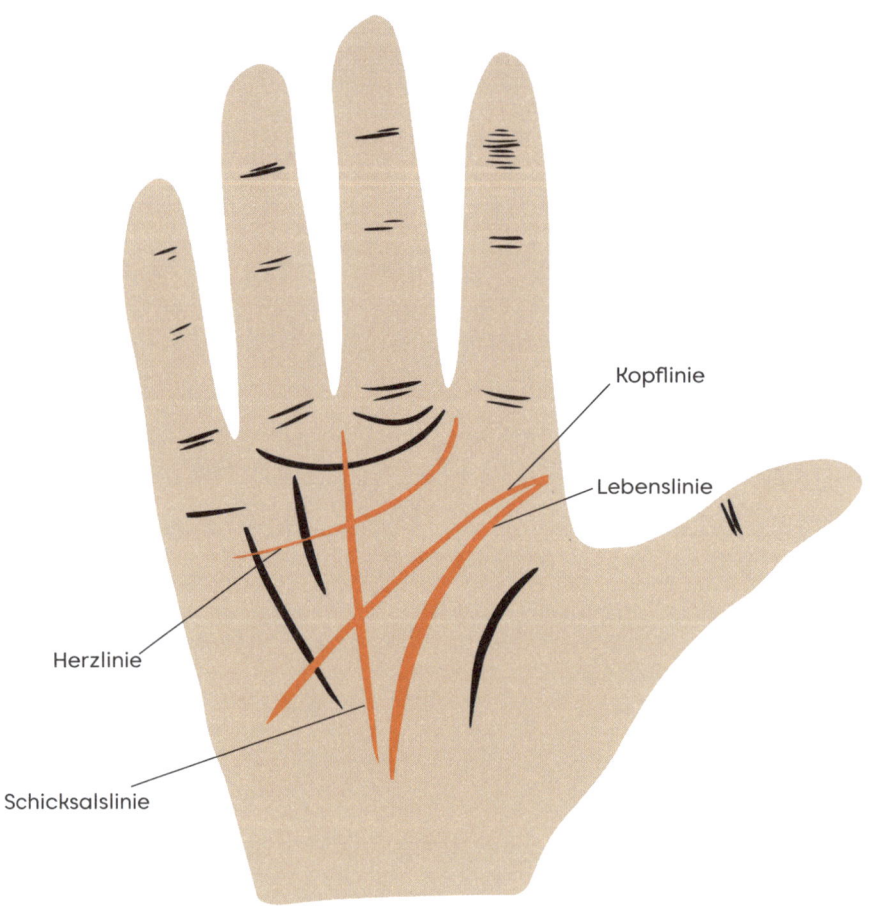

Kopflinie

Lebenslinie

Herzlinie

Schicksalslinie

Menschen, die Hände lesen, behaupten, man könne an den einzigartigen Linien und Formen, der Größe und Beschaffenheit und der Farbe einer Hand sehen, wie der Charakter eines Menschen ist und was dieser erlebt hat. Auch versprechen einige, die Zukunft voraussagen zu können. Die Kunst des Handlesens hat eine lange Tradition. Schon die heiligen Schriften der Hindus von ca. 5.000 v. Chr., die Vadas, berichten vom Lesen der Zeichen auf Händen, Füßen und Gesichtern.
Doch nicht nur die Menschen aus Indien, sondern auch andere Völker aus Asien und dem Nahen Osten beschäftigten sich schon früh mit dieser Pseudowissenschaft. Die Sinti und Roma brachten das Handlesen letztendlich in den Westen und nutzten es zur Wahrsagerei. Die moderne Handlesetechnik kombiniert heute die Vorhersagen mit Erkenntnissen der Psychologie. Im Laufe der Zeit hat sich die Technik nur wenig verändert und ist deshalb recht leicht zu erlernen.

Die Form

Schmale Hand: durchsetzungsfähig, verlegen und bescheiden

Breite Hand: sozial, aufrichtig und teamfähig

Viereckige Hand: geduldig, praktisch, ordentlich, etwas stur, verantwortungsbewusst und manchmal etwas materialistisch

Runde Hand: innovativ, schnell gelangweilt, liebt Abwechslung, kreativ und spontan

Große Hand: geduldig, manchmal leicht reizbar, ordentlich, führungsstark und unabhängig

Kleine Hand: gute Übersicht, Problemlöser, aktiv, guter Zuhörer, sozial und selbstsicher

Kurze Finger: instinktgetrieben, verlegen, erfinderisch, fügsam, aufmerksam, introvertiert und sympathisch

Lange Finger: gepflegt, erfolgreich, emotional, kommunikativ, sozial, witzig und philosophisch

Die Linien

Die linke Hand zeigt uns unsere Charaktereigenschaften. Sie ist der Spiegel unserer Seele und zeigt uns auch unsere Gefühle und Bedürfnisse. Die rechte Hand zeigt all unsere Talente und was wir damit gemacht haben. Die Linien beider Hände können sich voneinander unterscheiden. Sind die Linien lang und deutlich? Dann hast du einen starken Charakter. Sind die Linien tief? Dann weist das auf eine ausgeglichene Persönlichkeit hin. Wenn die Linien fein sind, bist du wahrscheinlich anfällig für Reize von außen.

Die wichtigsten Linien in den Händen sind die Herzlinie, die Kopflinie, die Lebenslinie und die Schicksalslinie.

Die Herzlinie sagt etwas aus über Emotionen, Gefühle und die Liebe, also über alles, was direkt mit deinem Herzen verbunden ist. Eine deutliche und tiefe Linie zeigt, dass du ein Gefühlsmensch bist. Wenn du eine lange Herzlinie hast, bist du sehr emotional, eine kurze Linie weist eher auf einen idealistischen und rationalen Menschen hin. Wenn deine Herzlinie kräftig ist, hast du großes Einfühlungsvermögen. Wenn deine Herzlinie nicht bis zum Zeigefinger durchgeht, bist du recht perfektionistisch und gefühlvoll in der Liebe.

Die Kopflinie steht für mentale Kraft, Intelligenz und Schwung. Sie zeigt an, was du glaubst, wie du denkst und wo du im Leben stehst. Eine lange Kopflinie besagt, dass du kreativ und fantasievoll bist. Eine kurze Linie bedeutet, dass du recht nüchtern bist und dich nicht schnell verunsichern lässt. Eine tiefe Linie steht für Unabhängigkeit und Kraft. Wenn deine Kopflinie dicht an der Herzlinie liegt, bist du ziemlich rational. Wenn deine Kopf- und deine Lebenslinie nah beieinanderliegen, bist du wiederum sehr zuverlässig.

Die Lebenslinie hat mit Lebenslust, Wohlbefinden und Vitalität zu tun. Sie sagt dir nicht, wie alt du wirst, sondern steht für deine »Reise« von der Geburt bis zu deinem Tod. Durch große emotionale Ereignisse in deinem Leben kann sich diese Linie verändern und Unterbrechungen aufzeigen. Siehst du viele Unterbrechungen in deiner Lebenslinie, zeugt das von einer großen Verletzlichkeit oder häufigen Krankheiten. Wenn die Linie weit oben in deiner Hand liegt, verweist das auf große Ambitionen und Selbstvertrauen. Wenn die Linie etwas weiter unten beginnt, bist du sehr neugierig, aber auch ein wenig unsicher.

Die Schicksalslinie zeigt, welche Rolle äußere Einflüsse in deinem Leben spielen. Eine tiefe Schicksalslinie lässt auf Erfolg schließen. Eine lange zeigt, dass du energisch und unabhängig bist. Wenn die Linie lang ist, steht dein Lebensweg bereits in jungen Jahren fest, eine kurze Linie weist darauf hin, dass du wahrscheinlich erst spät mit deiner Karriere durchgestartet bist. Nicht jeder Mensch hat eine Schicksalslinie. Menschen ohne sind vielleicht etwas unsicher oder wissen nicht so recht, was sie mit ihrem Leben anstellen sollen. Manche Menschen haben doppelte Linien, das sagt natürlich auch etwas aus. Eine doppelte Kopflinie zum Beispiel zeugt von Intelligenz. Wenn die doppelten Kopflinien nah beieinanderliegen, ist das sehr besonders!

Menschen mit einer doppelten Herzlinie sind recht verschlossen. Eine doppelte Lebenslinie wiederum bedeutet, dass du sehr energetisch und ausgelassen bist.

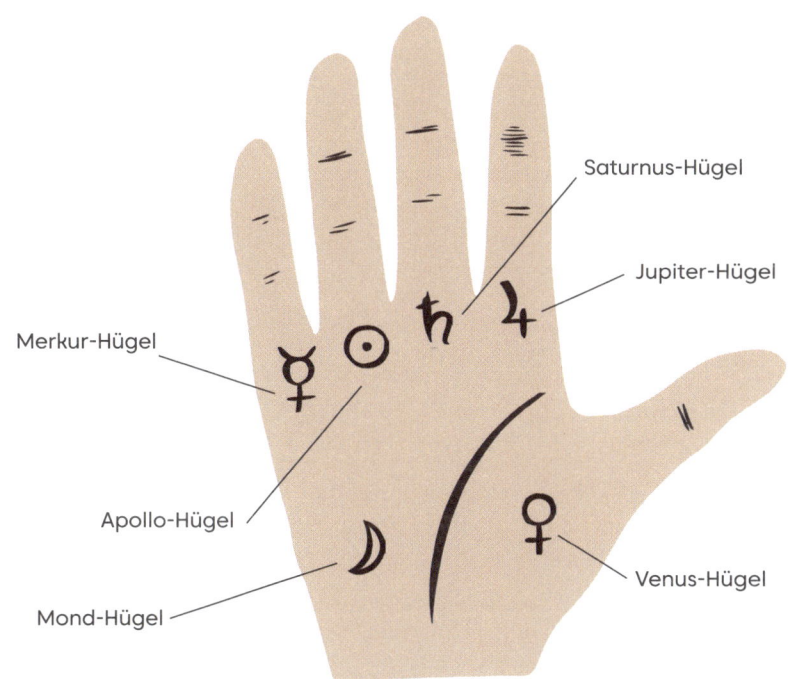

Saturnus-Hügel

Jupiter-Hügel

Merkur-Hügel

Apollo-Hügel

Mond-Hügel

Venus-Hügel

Zum Schluss: die »Hügel« ...

Jupiter-Hügel (unten am Zeigefinger):
Ein großer Hügel deutet auf Selbstvertrauen
und Durchsetzungsvermögen hin.

Saturnus-Hügel (unten am Mittelfinger):
Ein kleiner steht für Lebenslust und
Enthusiasmus, ein normaler für Ordnung
und Regelmäßigkeit und ein großer für
Sparsamkeit und Steifheit.

Apollo-Hügel (auch Sonnenhügel, unten
am Ringfinger): Ein großer Hügel deutet
auf Idealismus und Kreativität hin. Ein
flacher steht für Materialismus und
Trübseligkeit.

Merkur-Hügel (unten am kleinen Finger):
Ein großer verweist auf Humor und
Sachlichkeit, ein kleiner wiederum auf
mangelnde Sachlichkeit.

Venus-Hügel (unten am Daumen):
Ein kleiner Hügel deutet auf Empfindsamkeit hin, ein normaler auf das Geben
und Empfangen von freundlichen Gesten.
Ein großer Hügel weist auf Anfälligkeit
für Genussmittel hin.

Mond-Hügel (über dem Puls, gegenüber
vom Venus-Hügel): Ein kleiner Hügel lässt
auf Vernunft und Kühle schließen, ein
großer auf Romantik und künstlerisches
Talent.

Von Kopf bis Fuß

Die Zehen deines linken Fußes sagen viel
über deine Gefühle aus.

Zeichne hier die Kontur deiner Zehen.
Achte auf den Stand deiner Zehen, dieser sagt nämlich etwas über dein Verhalten aus.
Zeichne auch die realistische Größe deiner Zehennägel in das Bild, denn auch die
Oberseite ist wichtig.

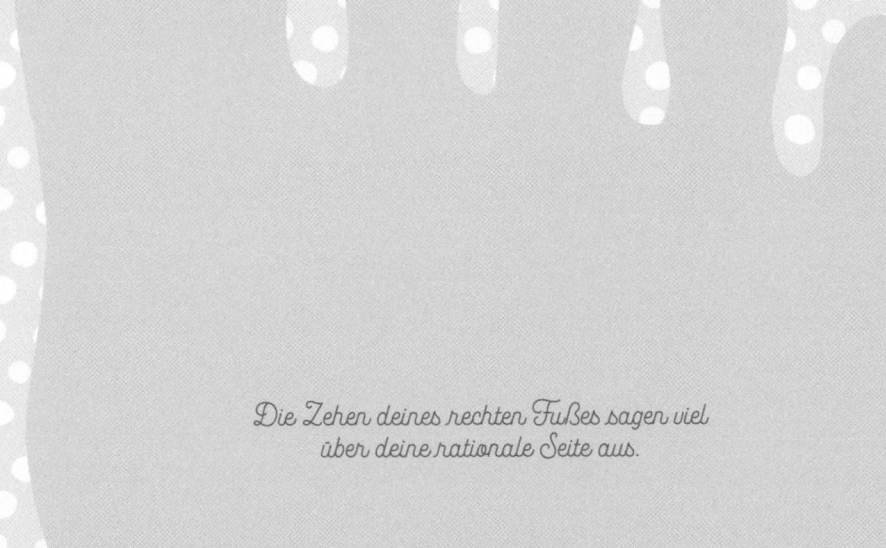

Die Zehen deines rechten Fußes sagen viel
über deine rationale Seite aus.

Linker Fuß

Großer Zeh:
Kommunikationszeh für Emotionen,
auch Kummerzeh genannt.
Zweiter Zeh:
Gefühlszeh
Mittlerer Zeh:
Kreativitäts- oder Intuitionszeh
Vierter Zeh:
Liebeszeh
Kleiner Zeh:
Vertrauens-, Intimitäts-
oder auch Sexzeh

Deutliche Geschichte

Hast du einen ziemlich dicken großen Zeh?
Dann kannst du gut kommunizieren, du
hast eine Geschichte zu erzählen. Ist er
am Ansatz schmal und wird dann breiter?
Dann zweifelst du manchmal, bevor du
mit deinen Geschichten rausrückst.

Direkt und spontan

Stehen dein großer Zeh und dein Gefühlszeh (der zweite Zeh) weit auseinander?
Dann brauchst du etwas mehr Zeit, um
deine Gedanken zu äußern. Stehen diese
Zehen dicht beieinander, bist du wahrscheinlich eher direkt und spontan und
kannst Informationen schnell verarbeiten.

Aggressiv

Ist der mittlere Zeh deines linken Fußes
etwas lang geraten? Dann bist du vielleicht
in manchen Situationen etwas aggressiv.

Emotionen

Hast du einen kleinen Nagel auf deinem
Gefühlszeh? Dann können die Emotionen
anderer bei dir leicht nach innen dringen.
Deine eigenen Gefühle parkst du einfach
woanders, du setzt dich also selbst an die
zweite Stelle, um für andere da sein zu
können.

Vorsicht

Hast du einen »zurückschauenden« Liebeszeh (vierten Zeh), der zum großen Kommunikationszeh gerichtet ist? Dann bist du
wahrscheinlich einmal schwer verletzt
worden und jetzt vorsichtiger unterwegs.

Vertrauen

Ist der kleine Zeh deines linken Fußes, also
der Vertrauens-, Sexualitäts- und Intimitäts-
zeh, krumm? Dann bedeutet das, dass du
Vertrauen nur schwer annehmen und ver-
geben kannst. Dies gilt auch für Intimität.

Großer Zeh:
Kommunikationszeh für rationale Entscheidungen
Zweiter Zeh:
Wunsch- oder Ambitionszeh
Mittlerer Zeh:
Mach- oder Aggressionszeh
Vierter Zeh:
Kontroll- oder Klammerzeh
Kleiner Zeh:
Angst- oder Unsicherheitszeh

Guter Zuhörer

Hast du einen großen Nagel auf deinem Kommunikationszeh? Dann kannst du gut zuhören, du ziehst genau die Informationen aus einem Gespräch, die für dich wichtig sind. Nebensächlichkeiten kannst du gut von dir wegschieben.

Wünsche

Bei vielen Menschen ist der zweite Zeh des rechten Fußes länger als der große Zeh. Wenn das auch bei dir der Fall ist, hast du mehr Wünsche, als du dir jemals erfüllen könntest. Häufig springst du von einer Sache zur anderen.

Der Diesel

Ist dein Machzeh am Ansatz schmal und wird dann breiter? Dann bist du ein Diesel: Du musst erst mal in Gang kommen.

Die Zügel

Schaut dein vierter Zeh zum großen Zeh? Dann hältst du die Zügel gern selbst in deinen Händen.

Selbstsicherheit

Hast du einen gekippten kleinen Zeh? Einen, der immer nach rechts zu fallen scheint und dessen Nagel eher nach außen als nach oben gerichtet ist? Dann kannst du Angst und Unsicherheit so gut verstecken, dass andere meist nichts davon merken. Das Gegenteil gibt es natürlich auch: Du fühlst dich sicher mit dir selbst oder mit einer Sache, aber andere denken, dass du unsicher bist.

Selbstständig

Kleine Nägel auf deiner Machzehe zeigen, dass du gern im Team arbeitest. Hast du einen großen Nagel, arbeitest du lieber selbstständig.

Was deine Zehen noch von dir preisgeben:

Eckige oder runde Zehenkuppen

Runde Zehenkuppen bedeuten, dass du freundlich kommunizierst und Konfrontationen lieber aus dem Weg gehst. Ein Mensch mit eckigen rechten Zehenkuppen ist geradeheraus, er »eckt« wortwörtlich an.

Hammer- oder Rückzugzehen

Hammerzehen oder Krallenzehen bedeuten, dass du dich auf Kosten deiner selbst anpasst.

Rückzugzehen sind das Gegenteil von Hammerzehen und sind am Querstreifen auf den Zehen zu erkennen. Menschen mit Rückzugzehen passen sich an, nicht aber auf Kosten von sich selbst. Sie passen sich etwas an die Situation an, machen jedoch letztendlich doch, was sie wollen. Auch akzeptieren sie kein Nein. Hast du viele Rückzugzehen? Dann kannst du dich gut durchsetzen.

Fünf in einer Reihe

Stehen deine Zehen in einer sauberen Reihe, kannst du ein Lineal anlegen? Dann bist du sehr strukturiert.

Stehen ein oder mehrere Zehen außerhalb dieser Linie? Dann kannst du etwas Chaos gut vertragen, auch wenn du das Bedürfnis nach Struktur hast. Dein Büro kann zwar tagsüber ziemlich unordentlich sein, doch wenn du nach Hause gehst, muss es aufgeräumt sein.

Talente und Qualitäten

Der Zeh, der am längsten oder auch am breitesten ist, steht für deine Qualitäten. Das können auch mehrere Zehen sein. Zeigt dein großer Zeh zum kleinen Zeh? Dann hast du einen so genannten Eilzeh. Du kommunizierst schnell und enthusiastisch, was manchmal etwas quengelig rüberkommen kann. Auch bekommt dein Gegenüber nicht immer die Chance, auch etwas zu erzählen. Wenn dein zweiter Zeh am rechten Fuß (dein Wunschzeh) im Eilstand steht, willst du das, was du willst, sofort.

Hast du viele Eilzehen, also Zehen, die zum kleinen Zeh schauen, bist du optimistisch und zukunftsorientiert.

Hast du jedoch viele Zehen, die eher zu deinem großen Zeh gerichtet sind, lebst du vor allen Dingen in der Vergangenheit. Mit vielen gerade Zehen lebst du im Hier und Jetzt.

Deine Nägel zeigen, wie gut du dich gegen äußere Einflüsse schützen kannst. Wenn du große Nägel hast, besitzt du einen richtigen Panzer und kannst dich gut schützen. Sind deine Nägel eher klein, lässt du dich leicht aus der Bahn werfen.

Hallux Valgus

Hast du einen Knubbel an der Innenseite deines Fußes unterhalb des Ansatzes deines großen Zehs? Dann hast du einen Hallux Valgus: Dein großer Zeh ist etwas nach innen gedreht, aber die Basis deines Zehs wölbt sich nach außen. Dieser Knubbel zeigt dir, wie du mit Hilfsbereitschaft umgehst: Je größer der Knubbel, desto mehr Mühe hast du, deine Grenzen zu artikulieren.

Hast du einen Knubbel am rechten Fuß? Dann findest du es schwierig, Nein zu sagen.
Hast du einen Knubbel am linken Fuß? Dann sagst du schneller Ja, wenn jemand an deine Gefühle appelliert, um etwas von dir zu bekommen.
Hast du keinen Knubbel? Du bist bereit, anderen zu helfen, weißt aber, wie du dabei deine Grenzen artikulieren kannst. Du lässt dich also nicht so leicht vor einen fremden Karren spannen.

102

Zeichne deine Frisur

Was sagt deine Frisur über dich aus?

Deine Haare und deine Frisur bilden einen wichtigen Bestandteil deiner Persönlichkeit. Sie sind ein körperliches Merkmal, das direkt ins Auge springt, wenn jemand dich sieht, und das auch sofort von anderen bewertet wird. Wenn du das Glück hast, gesunde und schöne Haare zu besitzen, ist das für viele Menschen (instinktiv) ein Zeichen für gute Gene und damit für Fruchtbarkeit.

Glattes Haar

Seriös, beherrscht, ruhig, erhaben, ein wenig reserviert, sachlich, perfektionistisch, ausgeglichen und gepflegt. Jemand mit glattem Haar erweckt den Eindruck, eine Führungspersönlichkeit zu sein, auch lässt er oder sie sich nicht schnell durch Emotionen aus der Bahn werfen.

Wellen

Energetisch, kreativ, unkonventionell, abenteuerlustig, wild und elegant. Menschen mit Wellen arbeiten hart und stehen mit beiden Beinen im Leben.

Locken

Enthusiastisch, spontan, sexy, feurig, ein natürlicher Anführer, leidenschaftlich, einfühlsam und intuitiv. Locken verleihen dir etwas Spielerisches. Menschen mit Locken wirken darum auch häufig jünger, als sie eigentlich sind.

Langes Haar

Bescheiden, klassisch, geschmackvoll, strukturiert, ordentlich, fürsorglich, positiv, elegant, weiblich und verführerisch.

Kurzes Haar

Praktisch, zielgerichtet, spielerisch, spritzig, selbstsicher, humorvoll und charmant. Jungen Frauen verleiht kurzes Haar eine aktive, manchmal jungenhafte Ausstrahlung. Bei älteren Frauen erweckt es den Eindruck, sie seien jung geblieben.

Origineller Schnitt

Rebellisch, kreativ, intelligent, cool, stark, entspannt und humorvoll. Menschen mit einem nicht alltäglichen Haarschnitt und auch Menschen, die ihre Frisur regelmäßig verändern, sind oftmals auf der Suche nach ihrer eigenen Identität. Auch sind sie stark und trauen sich, Neues auszuprobieren.

Pony

Starke Persönlichkeit, eigene Meinung, streitlustig und voll im Trend. Menschen mit einem langen Pony wirken manchmal, als wollten sie ihr Gesicht verstecken. Bei einem kurzen Pony wirkst du stark und lässig, so wie jemand, der für sich selbst einsteht.

Pferdeschwanz

Perfektionistisch, kritisch, selbstsicher, zielgerichtet, stark, sinnlich und resolut. Du hast nichts zu verbergen und wirkst wie jemand, der weiß, was er oder sie im Leben will.

Haarfarbe

Hellere Töne wirken meist weich, dunkle wirken stark, aber auch streng. Schwarzes Haar ist exotisch, abenteuerlustig und mysteriös. Braunes Haar steht für Zuverlässigkeit. Je wärmer die Töne, desto selbstsicherer und sympathischer kommst du rüber. Rot steht für Leidenschaft, einen starken Charakter und Temperament. Blond hingegen wirkt fröhlich, enthusiastisch und sexy.

Männer mit langem Haar, Bart und/oder Schnurrbart

...wirken selbstsicher, lässig, eitel, männlich, exzentrisch, stark, kräftig, gefühlvoll, gepflegt, gesund und erwachsen. Männer mit langen Haaren fallen schneller auf. Darüber hinaus wirken Männer mit langen Haaren sexy, cool und verrucht. Also genügend Gründe, um deine Haare wachsen zu lassen, wenn du ein Mann bist! Schnurrbärte und Bärte im Allgemeinen sind recht abhängig von der derzeitigen Mode und beeinflussen deine Wirkung auf andere. So strahlt ein Schnurrbartträger von jeher Macht und Stolz aus. Ein Mann mit Bart zeigt, biologisch gesehen, dass er genügend Testosteron produziert, um sich fortzupflanzen. Das funktioniert unfassbar gut bei der Partnersuche!

Welche Farbe bist du?

Menschen haben ausgeprägte Temperamente: die einen sind ordentlicher, jene sind dominanter als andere. Diese Temperamente beeinflussen unser Verhalten, bestimmen, wie wir das Verhalten anderer interpretieren, und wie wir andere betrachten. Grob können wir vier Typen unterscheiden: Menschen, die offen und ehrlich sind, er oder sie ist selbstsicher und zielorientiert. Es gibt auch die Enthusiastischen, er oder sie ist optimistisch und aktiv. Der sorgfältige Typ ist objektiv und perfektionistisch. Der stabile Typ wiederum ist hilfsbereit und kann gut zuhören. Hier teilen wir (genau wie in manchen Tests) die Menschentypen in Farben ein.

Die Idee ist: Wenn Menschen die anderen Typen verstehen, können sie sich besser auf die anderen in einer Gruppe einstellen und durch das gezielte Einsetzen der jeweiligen Stärken besser zusammenarbeiten. Du bist übrigens nie nur eine Farbe, sondern immer ein Mix. Eine bestimmte Farbe (oder ein bestimmtes Temperament) ist jedoch immer dominant.

Mache den Test und entdecke deine stärkeren und schwächeren Seiten.

Rot steht für das offene und ehrliche Temperament.
Gelb ist die Farbe des enthusiastischen, aktiven Temperaments.
Blau steht für das sorgfältige Temperament.
Grün gehört zu dem stabilen und hilfs-bereiten Temperament.

Entdecke deine Farbe!

Lies die folgenden Beschreibungen und wähle aus, welche wie gut zu dir passen. Zähle dann pro Farbe die Anzahl der Punkte zusammen.

Rot

- ○ Ich übernehme gern die Führung.
- ○ Ich bin streitlustig.
- ○ Ich gebe nicht schnell auf.
- ○ Ich genieße Konkurrenz.
- ○ Ich liebe es, Entscheidungen zu treffen.

Anzahl der Punkte:

Gelb

- ○ Ich liebe originelle Ideen.
- ○ Ich kann andere leicht überzeugen.
- ○ Ich finde Humor wichtig.
- ○ Ich bin eine gute Gesellschaft.
- ○ Ich nehme das Leben nicht zu ernst.

Anzahl der Punkte:

Blau

- ○ Ich finde es schön, wenn alles ordentlich aufgeräumt ist.
- ○ Ich mag es, wenn Dinge genau stimmen.
- ○ Ich hasse es, schnelle Entscheidungen treffen zu müssen.
- ○ Ich liebe Schemas und Listen.
- ○ Regeln sind dazu da, eingehalten zu werden.

Anzahl der Punkte:

Grün

- ○ Ich bin sehr hilfsbereit.
- ○ Ich sehe mich selbst als friedliche Person.
- ○ Ich bin sehr bescheiden.
- ○ Ich gehe lieber kein Risiko ein.
- ○ Ich mag es, von vornherein zu wissen, was ich machen muss.

Anzahl der Punkte:

Bist du rot, gelb, blau oder grün?

Wenn du deine Punkte pro Farbe zusammengezählt hast, kannst du auf der nächsten Seite sehen, was dein Ergebnis bedeutet. Die dominante Farbe sagt etwas über deine Persönlichkeit aus, über Dinge, die dir Energie geben, und die, die dir Energie nehmen.

Rot

Offen und ehrlich

10-20 Punkte

Eigenschaften und Verhaltensweisen von Menschen mit relativ vielen Punkten bei Dominanz:

- mögen Herausforderungen und Wettkämpfe.
- sind zielgerichtet und erwarten Anerkennung für ihre Leistungen.
- legen die Messlatte sehr hoch an, wollen gern das Sagen haben und sind im Allgemeinen erfinderisch und flexibel.
- sind häufig selbstständig und individualistisch.
- können das Interesse an Dingen verlieren, wenn die Herausforderung weg ist, und haben meist wenig Interesse an und Geduld für Nebensächlichkeiten.

Plus: Diese Menschen sind durchgängig direkt und positiv, stehen gern im Mittelpunkt und können es für selbstverständlich nehmen, wenn andere zu ihnen aufsehen. Beachten: Sie können ziemlich kritisch gegenüber anderen sein, wodurch sie als herrisch und dominant wahrgenommen werden.

0-9 Punkte

Eigenschaften und Verhaltensweisen von Menschen mit relativ wenigen Punkten bei Dominanz:

- bevorzugen Ruhe und Harmonie.
- lassen andere die Initiative ergreifen und Probleme lösen.
- sind durchweg ruhig und überstürzen nichts.
- sind recht vorsichtig und wägen erst das Risiko ab, bevor sie loslegen.

Diese Menschen werden im Allgemeinen für ihren ruhigen und milden Charakter geschätzt. Auf andere wirken sie gelassen, geduldig, bedächtig und gelten als gute Gesprächspartner und -partnerinnen.

Gelb
Enthusiastisch

10-20 Punkte
Eigenschaften und Verhaltensweisen
von Menschen mit relativ vielen Punkten
bei Interaktivität:
- haben ein starkes Bedürfnis nach Gesellschaft und lernen gern neue Menschen
  kennen.
- sind im Allgemeinen optimistisch, extrovertiert und sozial.
- bauen schnell und einfach gute Beziehungen auf.

»Gelbe« Menschen können sich so gut in
die Gefühle anderer hineinversetzen, dass
es für sie schwierig sein kann, Beziehungen
zu lösen.

0-9 Punkte
Eigenschaften und Verhaltensweisen
von Menschen mit relativ wenigen Punkten
bei Interaktivität:
- sind durchweg weniger sozial aktiv.
- haben recht häufig Affinität für Aufgaben
  im technischen Bereich (wie zum Beispiel
  für die Arbeit mit Maschinen und Werk-
  zeugen).
- finden es im Allgemeinen gut, selbstständig zu arbeiten.
- sind häufig analytisch. Wenn sie alle
  Fakten zusammenhaben, sind sie in der
  Lage, diese deutlich und direkt zu erklären.
- akzeptieren Dinge nicht einfach beim
  ersten Betrachten.

Diese Menschen haben durchgängig gute
soziale Fähigkeiten, setzen diese aber
häufig erst dann ein, wenn es logisch oder
praktisch gesehen notwendig ist.

Blau
Sorgfältig

10-20 Punkte

Eigenschaften und Verhaltensweisen
von Menschen mit relativ vielen Punkten
bei Gewissenhaftigkeit:

- sind meist zufrieden und anpassungsfähig.
- sind meist nicht streitlustig.
- sind eher vorsichtig als impulsiv.
- vermeiden Risiken.
- sind taktvoll, diplomatisch und streben
  nach einem stabilen und geordneten
  Leben.
- finden es gut, nach festen Regeln
  zu arbeiten und zu leben.

Am liebsten mögen »blaue« Menschen
altbewährte Methoden, von denen sie
wissen, dass sie auch in der Vergangenheit
zu Erfolgen geführt haben. Sie haben keine
Probleme mit Regeln und Vorschriften.

0-9 Punkte

Eigenschaften und Verhaltensweisen
von Menschen mit relativ wenigen Punkten
bei Gewissenhaftigkeit:

- sind unabhängig und ungehemmt.
- haben eine Abneigung gegen Regeln
  und Einschränkungen.
- werden gern auf Basis ihrer Leistung
  beurteilt und sind jederzeit bereit, neue
  Wege einzuschlagen.

Diese Menschen sind aufgeschlossen
und offen in ihren Ideen, Aussagen und
Handlungen. Sie wollen frei sein und tun
viel dafür, diese Freiheit zu erreichen.
Sich wiederholende oder routinemäßige
Aufgaben delegieren oder vermeiden
sie am liebsten.

Grün
Hilfsbereit

10-20 Punkte

Eigenschaften und Verhaltensweisen von Menschen mit relativ vielen Punkten bei Stabilität:
- sind meist geduldig, ruhig und beherrscht.
- sind bereit, anderen Menschen zu helfen.

Plus: Diese Menschen sind im Allgemeinen imstande, das zu tun, was getan werden muss, und führen auch Routineaufgaben mit Sorgfalt und Geduld aus.

0-9 Punkte

Eigenschaften und Verhaltensweisen von Menschen mit relativ wenigen Punkten bei Stabilität:
- lieben meist Veränderungen und Abwechslung, sowohl bei der Arbeit als auch in ihrer Freizeit.
- stellen sich gern breit auf und machen routinemäßige oder sich wiederholende Arbeiten durchgehend weniger gern.
- erweitern gern intellektuell und physisch ihre Grenzen.

Welcher Stuhl passt am besten zu dir?

Wähle den Stuhl, der dich am meisten anspricht. Auf der Folgeseite findest du heraus, was dieser Stuhl über dich aussagt.

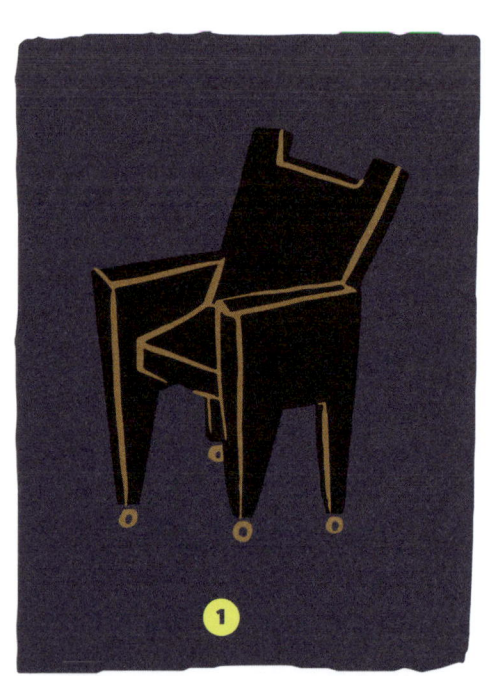

1

2

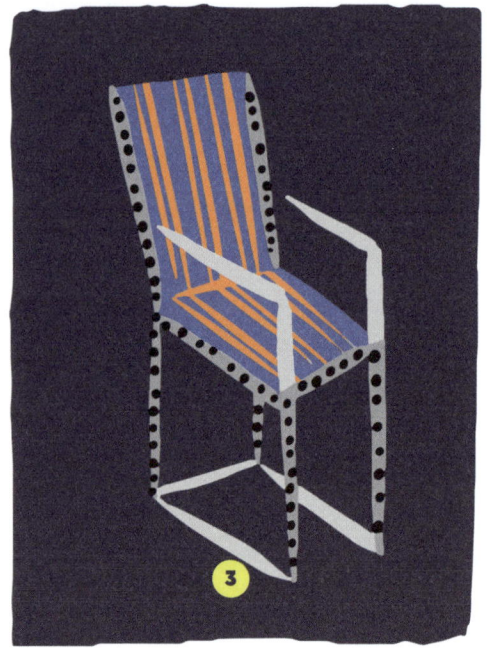

3

4

5

6

7

8

Gerader schwarzer Lederstuhl

Menschen bewundern dich, denn du strahlst Kraft aus und bist unabhängig. Du gehst mit offenen Augen durchs Leben und lässt dich nicht durch Kleinigkeiten verunsichern. Du findest es schwierig, über deine Gefühle zu sprechen. Viele Menschen wissen nicht, dass auch du manchmal über deinen Problemen keinen Schlaf findest.

1

Großer, alter brauner Sessel

Du bist eine warme und freundliche Persönlichkeit, und Menschen fühlen sich schnell wohl bei dir. Du bist ehrlich, zuverlässig und magst es, wenn andere dich brauchen. Du bist jederzeit für andere da und vergisst darüber manchmal dich selbst. Versuche, das nur aus triftigen Gründen zu tun: Ist es in dem Moment echt nötig oder findest du es einfach toll, von anderen wertgeschätzt zu werden?

2

Großer, gemusterter Eisenstuhl

Du bist elegant und einfühlsam, weshalb dich viele Menschen attraktiv finden. Du kannst gut zuhören und benennst das, worum es im Kern geht, freundlich und direkt. Du wirkst sehr offen und sozial, bist jedoch eigentlich eher schüchtern und findest es schwierig, mit anderen Menschen in Kontakt zu treten. Trau dich, dein wahres Ich zu zeigen, die Menschen lieben dich!

3

Altmodischer, extravaganter Sessel

Du bist ein ziemlich exotischer Typ. Du bist zwar unberechenbar, aber die anderen schätzen deine Originalität. Du bist immer auf der Suche nach neuen Erfahrungen. So bist du auch sofort zur Stelle, wenn es um Reservierungen in neuen Restaurants geht, und neue Hotspots hast du schon lang gesehen, bevor andere überhaupt wissen, dass sie existieren.

4

Hocker

Du bist grundehrlich und trägst dein Herz am rechten Fleck. Gleichzeitig bist du auch diskret, weshalb andere Menschen schnell Vertrauen zu dir fassen. Du empfängst jeden Menschen mit offenen Armen und wertschätzt sowohl die starken als auch die schwachen Seiten. Du hast schon viel von der Welt gesehen, aber im Moment weißt du nicht recht, wo du hinsollst. Sprich darüber, die Menschen werden dich danach nur noch mehr lieben!

5

Extravaganter grüner Stuhl

Du liebst das Leben, bist optimistisch und fröhlich, was dich sexy und verführerisch macht. Du weißt, was du willst, und auch, wie du es bekommst. Du hast eine schnelle Auffassungsgabe und magst kein Geplänkel. Auf der anderen Seite kannst du auch unsicher und nicht von deinem eigenen Charme überzeugt sein.

6

Gemütlicher Sessel mit Blumenmuster

Du kennst dich selbst sehr gut und weißt genau über deine starken und schwachen Seiten Bescheid. Du bist von deinem eigenen Können überzeugt, kannst aber auch sehr unsicher sein, was für andere Menschen manchmal schwierig sein kann. Steh zu deinen Unsicherheiten und du wirst merken, dass dich deine Freunde und Freundinnen unterstützen.

7

Seriöser schwarzer Stuhl

Du wirkst, als würdest du vor Selbstvertrauen nur so strotzen! Du siehst immer cool aus; so, als ob du alles unter Kontrolle hättest. Das stimmt aber natürlich nicht immer. Manchmal gerätst auch du aus dem Gleichgewicht, aber du tust alles, um das nicht nach außen zu zeigen. Unnötig! Sag einfach, wenn du dich mal nicht so wohlfühlst, die Menschen schätzen dich dann nur noch mehr.

8

Das bin ich

Auf den folgenden Seiten kannst du alle Ergebnisse aus den Tests nochmals aufschreiben. Mache das kurz und bündig und konzentriere dich auf die starken Seiten deiner Persönlichkeit.

Was sagt deine Unterschrift über dich aus? (Seite 7)

· ·

· ·

· ·

· ·

Was sagt deine Handschrift über dich aus? (Seite 16)

· ·

· ·

· ·

· ·

Erklärung der Zeichnungen auf Seite 21:

1. Wie siehst du dich selbst? ·

2. Wie sehen andere dich? ·

3. Deine Kindheit ·

4. Dein Liebesleben ·

5. Deine Zukunft ·

6. Dein Tod ·

Was sagt deine Geburtszahl über dich aus? (Seite 22)

· ·

· ·

· ·

· ·

· ·

Was sagt dein Sternbild über dich aus? (Seite 28)

....

....

....

....

Was sagt dein Platz in der Familie über dich aus? (Seite 34)

....

....

....

....

Was sagt dein Hirn über dich aus? (Seite 44)

....

....

....

....

Was sagt die Theorie von Freud über dich aus? (Seite 50)

....

....

....

....

Welcher Archetyp bist du laut Jung? (Seite 58)

....

....

....

....

Was sagen deine Träume über dich? (Seite 61)

....

....

....

....

Was sagt deine Schlafhaltung über dich aus? (Seite 68)

....

....

....

....

Welcher Typ bist du im Enneagramm? (Seite 72)

....

....

....

....

Welches Dosha bist du laut der Ayurveda-Theorie? (Seite 80)

....

....

....

....

Was hast du aus der Familienaufstellung gelernt? (Seite 86)

....

....

....

....

Was sagen die Linien deiner Hände über dich? (Seite 90)

....

....

....

....

Was sagen deine Zehen über dich? (Seite 96)

....

....

....

....

....

Was sagt deine Frisur über dich aus? (Seite 102)

···

···

···

···

Welche Farbe kam beim Farbentest heraus? (Seite 106)

···

···

···

···

Welchen Stuhl hast du gewählt und was sagt dieser über deine Persönlichkeit? (Seite 114)

···

···

···

···

Versuche nun, auf Basis aller Ergebnisse ein Profil von dir selbst zu verfassen.
Was sind deine starken Seiten? Wie kannst du diese im Alltag besser einsetzen?

ME, MYSELF AND I

**Lerne dich selbst kennen – mit 20 überraschenden
Tests und Theorien zu deiner Persönlichkeit**

ISBN 978-3-95910-232-2

Impressum

Eden Books

Ein Verlag der Edel Germany GmbH
Copyright © 2019 Edel Germany GmbH,
Neumühlen 17, 22763 Hamburg
www.edenbooks.de | www.edel.com
1. Auflage 2019

Titel der Originalausgabe: Me, myself and I
Copyright der Originalausgabe © Uitgeverij Snor B.v., 2018

Text

Sigrid Leerink unter Mitwirkung von Uitgeverij Snor

Schlussredaktion

Sarah-Mie Luyckx und Suzanne de Boer

Layout

Suzanne Nuis

Illustration

Marijke Buurlage

Deutsche Übersetzung

Helena Dornieden

EDEL
FAMILY MEMBER